Kurt Tepperwein

Was immer Du willst

Kurt Tepperwein

WAS IMMER DU WILLST!

Magnetisch anziehen, was Freude macht

||||||||||||||||||||||||||||||||||||||||| SILBERSCHNUR 🦋 VERLAG

HINWEIS

Weder der Verlag noch der Autor übernehmen eine Haftung für eventuelle Nachteile oder auftretende Schäden durch die Übungen und Hinweise in diesem Buch. Alle Übungen und Hinweise sind nach bestem Wissen und Gewissen erarbeitet worden und ersetzen nicht die Behandlung oder Beratung bei einem Arzt, Therapeuten oder Heilpraktiker!

Copyright © 2019 Verlag »Die Silberschnur« GmbH

ISBN: 978-3-89845-608-1

1. Auflage 2019   2. Auflage 2019   3. Auflage 2019

Gestaltung & Satz: XPresentation, Güllesheim
Umschlaggestaltung: XPresentation, Güllesheim
Druck: Finidr, s.r.o. Cesky Tesin

Verlag »Die Silberschnur« GmbH · Steinstr. 1 · 56593 Güllesheim
www.silberschnur.de · E-Mail: info@silberschnur.de

INHALTSVERZEICHNIS

Einleitung 7

Das Wohlbefinden magnetisch anziehen 13

Tag 1: Sich der Wirklichkeit bewusst sein 17

Tag 2: Problemen Adieu sagen 29

Tag 3: Suchen oder finden lassen? 39

Tag 4: Tun, was das Leben will 45

Tag 5: Der Augenblick zählt 53

Tag 6: Seine Magnetkraft aktivieren 59

Tag 7: Ruhe, Einkehr, Sammeln und Loslassen 67

Wie ich zu mir finde: Eine Vertiefung 81

Die Kraft der Gefühle 89

Die Anziehungskraft der Ehrlichkeit 97

Das Spiegelbild Ihres Seins 103

Und woran glauben Sie?   107

Zusammengefasst   119

Notizseite   122

Über den Autor   123

EINLEITUNG

J eder Mensch besitzt magnetische Kräfte. Er strahlt nicht nur etwas aus, sondern verfügt über eine Anziehungskraft, die auch unbewusst vorhanden ist. Dieser Energien sind sich viele gar nicht bewusst. Aus diesem Grund können sie auch nicht gezielt eingesetzt werden. Wenn man nicht von ihnen weiß, verkümmern sie. Sie warten nur darauf, wieder zum Leben erweckt zu werden. Nehmen wir also zur Kenntnis, dass wir diese Kräfte haben. Hier geht es nicht um mentale Fähigkeiten, sondern um Kräfte, die ursprünglich und wesentlich stärker sind. Der Geist – unser wahres Sein – ist die Grundlage unserer Existenz. Die besteht aus dem Ich und seinen Sinnen. Das Ich kann vieles. Was es nicht kann, ist, einen Zugang in die unsichtbare Welt zu schaffen, in der unser eigentliches Zuhause ist.

Wenn wir uns vorstellen können, dass wir mehr sind als ein Körper aus Fleisch, kann die Reise beginnen. Zuallererst geht es also darum, die Sinne zu schärfen und zu spüren, dass wir mehr sind als dieser Körper, der über Sinne verfügt. Etwas liegt diesem Menschsein zugrunde, etwas, das ihn am Funktionieren hält und überhaupt erst lebendig macht. Der Mensch besteht nicht nur aus Knochen und Blut, er ist ein überdimensionaler Energiekörper, was seinem eigentlichen Wesen entspricht.

Wir ziehen Menschen, Dinge und Situationen in unser Leben, was ganz automatisch geschieht. Es entstehen ständig neue Perspektiven,

Begegnungen und Ereignisse, die sich einfach ergeben. Nichts bleibt gleich, ständig ruft die Veränderung. So etwas wie Kontinuität gibt es nicht, auch wenn wir uns diese wünschen. Wir sind damit beschäftigt, unser Leben im Lot zu halten, Probleme zu lösen und sie in den Griff zu bekommen. Dabei vergessen wir, dass wir es sind, dass es das Ich ist, das Probleme erschafft, und dass sich Probleme nicht im Außen lösen lassen. Wenn das Ich das Grundübel aller Unstimmigkeiten ist, sollten wir am Ich arbeiten und nicht an den Inhalten des Lebens.

Die Präsenz des Ichs zu entschärfen, das ist unsere eigentliche Aufgabe, statt mit aller Verbissenheit das Leben zu manipulieren und dabei in eine Richtung zu drängen.

Der natürliche Fluss des Lebens wird unterbrochen, wenn das Ich dagegensteuert. Fakt ist: Je mehr wir innerlich stimmen, umso stimmiger wird sich auch unser Außen zeigen. In diesem Buch möchte ich Ihnen ein paar Impulse geben, wie Sie zum Super-Magneten werden, sich Ihrer Ausstrahlung bewusst werden und Ihr Leben verantwortungsbewusst und selbstbewusst gestalten können.

Das Leben zu formen ist keine Wunschvorstellung, es gibt immer etwas, das getan werden kann. Allein unsere Gedanken sind unglaubliche Kräfte, mit denen wir so vieles bewerkstelligen können. Doch unser eigentliches Sein kann noch viel mehr und muss dabei gar nichts wollen. Uns wurde eine Kraft in die Wiege gelegt, die in Vergessenheit geraten ist, weil wir eingeschlafen sind. Wir glauben, dass das Leben real ist, doch auch wenn wir es so erleben und empfinden, gibt es da noch viel mehr, was es zu erforschen gibt. Der Verstand kann vieles nicht begreifen, auch wenn er denken kann. Denken ist seine eigentliche Aufgabe und dafür sollte er benutzt werden. Beim Nachdenken wird es allerdings prekär, weil er dann aus Erinnerungen und Erfahrungen schöpft, die mit einer

einer individuellen Auffassung und Interpretation gefärbt sind. Der Verstand ist begrenzt und funktioniert nur innerhalb von Raum und Zeit. Er ist nicht in der Lage, über das Gedachte hinauszugehen. Deswegen sollten wir bei wichtigen Entscheidungen unsere Intuition fragen und der Stimme unseres Herzens folgen. Dinge abzuwägen und zu überprüfen ist okay, aber dem Verstand das alleinige Entscheidungsrecht einzuräumen, wird auf Dauer nicht gut gehen. Was er denkt, besteht aus Fakten und aus dem Wissen, das er sich angeeignet hat. Dieses sagt nichts über eine Sache oder eine Situation aus, da es nur die individuelle Sicht ist – das eigene Sehen und Begreifen –, das Dingen, Menschen und Begebenheiten übergestülpt wird.

Gedanken sind starke Energiefelder, die Lebensumstände erschaffen und unser Leben formen. Das wissen wir teilweise und haben dies auch schon gehört. Doch verhalten wir uns auch dementsprechend? Greifen wir auf die Herdplatte, wenn wir wissen, dass wir uns dabei verbrennen? Natürlich werden wir uns davor hüten. Gedanken sind Ursachen und ziehen Wirkungen nach sich. Nur weil wir diese nicht bewusst wahrnehmen, halten wir weiterhin an fragwürdigen Gedanken fest, urteilen und kritisieren bis zum Äußersten. Dies heißt, wir berühren jedes Mal die Herdplatte und das freiwillig. Die Brandblasen und der Schmerz werden bestimmt folgen. Dies bedeutet, dass wir mit den Folgen unserer Gedanken konfrontiert werden, wenn wir uns gedanklich in Schwierigkeiten verlieren oder düsteren Empfindungen nachhängen. Wann wollen wir das endlich verstehen – oder noch besser, wann setzen wir um, was wir eigentlich wissen? Solange es beim Wissen bleibt, ist es unnütz. Es muss vom Kopf ins Herz hineinsinken, um anschließend entsprechend zu handeln. Erst dann wird sich in unserem Leben etwas ändern. Werden wir uns anders verhalten, wird auch das Leben anders verlaufen. Es beginnt mit Achtsamkeit und einer differenzierten Wahrnehmung und mündet in einer völlig neuen Sicht, die den Alltag geschmeidiger, fröhlicher und lebenswerter machen wird.

RESÜMEE

Gedanken gestalten unser Leben. Einem jeden einzelnen folgt eine Wirkung. Harte Gedanken werden das Leben nicht liebevoll gestalten. Weiche Gedanken hingegen harmonisieren unser ganzes Dasein. Gedanken sollten also so sein, dass wir uns in ihren Auswirkungen wohlfühlen können. Knapp, bescheiden, liebevoll, nachsichtig, nicht aufbrausend und bedacht. Vor allem nicht kritisierend. Es ist ganz gleich, ob wir andere verurteilen oder an uns selbst etwas zu bemängeln haben – beides hinterlässt einen fahlen Nachgeschmack. Diesen wird uns das Leben spüren lassen, ob wir wollen oder nicht. Jeder trägt Verantwortung für sein Tun, für seine Worte und seine Gedanken.

Lassen Sie uns jetzt einmal unsere Gedanken überprüfen, damit wir sehen können, wie es um sie steht – wie es zukünftig um uns stehen wird. Vergessen wir also nie: Jeder einzelne Gedanke ist eine Ursache, dem eine Wirkung folgen muss. Und wie sind Ihre Gedanken? Sind sie mit Negativität, Aggressionen und Ablehnung beladen? Zweifeln Sie oft? Verlieren Sie sich in dunklen Emotionen? Sind Sie ständig damit beschäftigt, Menschen und Lebensumstände anzuprangern? Sind immer die anderen schuld? Setzen Sie sich selbst unter Druck? Sind Sie zu streng mit sich selbst? Ein Blick auf unsere Lebensumstände und -inhalte zeigt, wie unser Denken geartet ist. Wie soll das Leben harmonisch sein, wenn unsere

Gedanken es nicht sind? Eine Frage, der wir unsere ganze Aufmerksamkeit schenken sollten.

WAS KANN ICH TUN?

Überprüfen wir tagtäglich unser Gedankengut. Lassen wir es am Abend Revue passieren, um eines Tages keinen Augenblick mehr zu verpassen, unliebsamen Gedanken keine Aufmerksamkeit mehr zu schenken. Unterschätzen wir ihre Kraft nie. Nichts ist leichter, als auf einen bösartigen Gedanken einzusteigen, in dem wir uns abreagieren und mit dem sich das Ego Genugtuung verschaffen will. Diese vorübergehende Befriedigung, sich über Menschen auszulassen und sich in Schuldzuweisungen zu baden, hält meist nicht lange an. Was bleibt, ist die Wirkung, die uns wie ein Bumerang an den Kopf knallen wird. Beachten wir das. Wir sollten uns jedoch keine Vorwürfe machen, da wir Gedanken ja nicht planen, sondern sie regelrecht über uns hereinbrechen. Gedanken kommen und gehen. Lassen wir sie.

DAS WOHLBEFINDEN
MAGNETISCH ANZIEHEN

Vorerst wollen wir uns erst ein paar Schritten widmen, um uns für mehr Harmonie und Einklang magnetisch zu machen. Dafür gibt es sieben Themen. Eine Woche lang können Sie jeden Tag etwas mehr über sich erfahren und sich damit einer Zufriedenheit annähern, die in jedem von uns schlummert. Wohlbefinden und Gelassenheit werden so zur Realität, und auch Sie können dies in Ihr Leben ziehen.

Es gibt viele Aspekte, die uns dabei helfen, die Welt bewusster zu erleben und klarer zu sehen. Meine persönlichen Eckpfeiler zur Bewusstwerdung sind Anregungen, die nicht als Ratschläge, sondern als Impuls zu verstehen sind. Ein Impuls sollte etwas auslösen – und zwar tief in Ihrem Innersten. Mit Verstehen werden Sie hier nicht weit kommen, eher mit Einsichten. Es geht nicht darum, etwas blindlings auszuführen, sondern in sich hineinzufühlen, was stimmig ist. Jeder Mensch ist individuell, und deshalb sind auch die Werkzeuge individuell, mit denen er nach innen gelangt. Es muss also nichts mit dem Kopf verstanden, sondern mit dem Herzen verinnerlicht werden. Schauen und fühlen Sie genau hin, was die

Worte in Ihnen auslösen, was sie bewegen, in Aufruhr versetzen oder besänftigen – kurzum, was der Inhalt mit Ihnen macht.

Welche Einsichten kommen hoch?

Tauchen Widerstände oder Fragen auf?

Tauchen Widerstände auf, weil wir uns betroffen fühlen – oder glauben wir ohnehin, schon alles zu wissen? Der Selbstwert und der Hochmut sind harte Brocken, die es zu überwinden gilt.

Entsteht eine Resonanz, oder kann die Frage gar nicht richtig erfasst werden? Versuchen wir zu verstehen, oder lassen wir es einfach zu, die Frage auf uns wirken zu lassen?

Wichtig ist, dass jeder Punkt immer wieder angeschaut wird, damit er auch innerlich etwas bewirken bzw. hervorkitzeln kann. Viele Menschen lesen ein Buch einmal durch, und wenn man sie fragt, ob sie es gelesen haben, sagen sie »ja, vor einigen Jahren«. Texte, die zum Herzen sprechen, sind da, um immer wieder gelesen zu werden. Das kommt daher, da es nichts zu lernen oder zu verstehen gibt, sondern dass die Texte der Seele übergeben werden müssen. Ihre Seele bestimmt, woraus sie reift und auf was sie reagiert. Texte sind Nahrung für das universelle Herz und nicht für das weltliche Hirn. Da wir es gewohnt sind, Texte zu lernen und viel wissen zu müssen, mag dies zu Beginn etwas sonderbar sein. Eine echte Herausforderung, der wir uns stellen sollten. Doch wer das, was er nicht versteht, nicht in eine negative Ecke drängt, sondern es einfach so sein lässt, wird davon profitieren. Einfach lesen und lassen, wie es ist. Ganz gleich, wie Sie reagieren: Wenn Sie es nicht beurteilen und es für sich stehen lassen können, wird sich in Ihnen eine Veränderung vollziehen. Äußere Veränderungen geschehen immer durch innere Veränderungen, die Ihnen vorausgegangen sind. Was zum Herzen spricht, wird ankommen. Was an Ihnen vorbeigeht, wird vorerst ruhen. Wenn Sie es noch einmal lesen, wird das ganz anders aussehen. Und wenn Sie es noch einmal lesen, werden Sie sich wieder neu entdecken. Es ist ein Vordringen zu unserem spirituellen Herz, das durch Lesen möglich ist. Deswegen ist es empfehlenswert, sich solche Texte immer wieder zu Gemüte zu führen und Bücher mehrmals in die Hände zu nehmen, um sie auf sich wirken zu lassen.

Da der Mensch jeden Tag völlig anders und niemals gleich ist, wird er natürlich auch dem Inhalt jedes Mal anders begegnen. Er kann jedes Mal neue Einsichten erlangen und wird immer tiefer in sich vordringen, während der Verstand immer noch glaubt, ein Buch zu lesen, das es zu verstehen gilt. Worte entwickeln sich stets neu und sind nichts weiter als Energieträger. Es geht nicht um ein Wort, da jedes Wort anders interpretiert werden kann. Je offener der Mensch ist, umso mehr wird er aus einem Text herauslesen können. Einsichten fallen nicht vom Himmel, es braucht eine gewisse Zeit, damit man sie hinter den Zeilen erfassen kann. Und jedes Mal, wenn man sich eine Frage stellt, kann die Antwort anders aussehen, weil wir jeden Augenblick anders sind. Das Wasser eines Flusses ist nie dasselbe, auch wenn wir meinen, jeden Tag denselben Fluss zu sehen. Diese Schau in die Tiefen des Herzens findet nicht statt, wenn unsere Augen nur innerhalb der sichtbaren Dinge des Lebens umherschweifen. Schließen Sie öfter mal die Augen und genießen Sie dieses Innehalten.

Nehmen Sie sich Zeit und lassen Sie folgende Punkte in sich einfließen. Wer mit dem Verstand liest, liest nichts. Wer mit der Seele erfasst, liest mehr, als dort geschrieben steht.

TIPP

Bevor wir nun mit dem Tagesprogramm beginnen, mein Vorschlag: Lesen Sie pro Tag nur einen Tagesvorschlag und nicht mehrere durch. Machen Sie sich darüber Gedanken. Nicht nur über das Gelesene. Beobachten Sie, wie Sie darauf reagieren, welche Widerstände hochkommen, welche Gedanken hochgespült werden und welche Gefühle auftauchen. Danach versuchen Sie, diese nicht zu ändern, sondern lassen Sie alles, was hochkommt oder auch nicht, einfach so sein. Mit »darüber Gedanken machen« meine ich nicht, dass Sie den Text und Ihre Wahrnehmung zerdenken, sondern dass Sie hineinspüren. Spüren Sie einfach hin, was auftaucht und wie es sich wieder verflüchtigt. Stellen Sie sich vor, Ihr Leben ist wie ein großer herbstlicher Garten, in dem Laub vom Himmel fällt, das vom Wind verweht wird. Es fliegt hin und her und gibt sich dem Luftzug hin. Das Laub will nichts und der Garten ebenfalls nicht. Niemand stört sich daran, was sich in diesem Garten bewegt oder nicht bewegt. Alles darf sein, wie es ist. Alles ist gut.

TAG 1

SICH DER WIRKLICHKEIT BEWUSST SEIN

Das Bewusstsein ist es, das die Welt erschafft.

Bin ich mir der Illusion des Ichs bewusst?
Weiß ich, was es mit diesem Ich auf sich hat und was meine wahre Identität ist? Weiß ich es nur, oder habe ich es auch schon realisiert? Lebe ich danach? Kann ich dieses Wissen umsetzen und auch danach handeln?

Wer aus dem Ich-Traum erwacht, betritt einen Raum, wo etwas anders ist. Dort ist es nicht laut, sondern still. Unbewusstheit ist eine Krankheit des Ichs, die geheilt werden kann. Bewusstsein ist der Schlüssel zum wahren Leben. Was bedeutet überhaupt *bewusst sein?*

Sind wir nicht alle bei Bewusstsein?

Ja, wir leben durch dieses Bewusstsein, doch was wir mit den Sinnen wahrnehmen, kann erst verstanden und interpretiert werden, wenn wir es uns bewusst machen. Wir müssen uns also einer Sache bewusst sein, erst dann kann sie zu uns sprechen. Entscheidend ist, dass das Spiel des Lebens eigentlich aus der Beobachterposition hinter dem persönlichen Ich gespielt wird. Das Ich glaubt, dass es der Hauptdarsteller ist. Um es ein wenig überspitzt auszudrücken, könnten wir sagen, dass das Ich die Marionette der Antriebskraft ist, die die Fäden zieht und ihm Existenz verleiht. Das Ego sieht die Dinge natürlich anders, es ist ja von seiner Sonderstellung als Einzelwesen überzeugt. Wissen, Wahrnehmung und persönliches Sehen obliegen dem Ich. Das Ich ist aber nur der Mantel unserer eigentlichen Identität. Bin ich mir dessen bewusst?

Dieses *Ich bin*, diese Antriebskraft, ist meine eigentliche Identität. Diesem *Ich bin* folgen Worte, die der Mensch hinzufügt und ergänzt: *Ich bin* groß, *ich bin* alt, *ich bin* ein Mann, *ich bin* Lehrer – es gibt unzählige Möglichkeiten, diese *Ich-bin*-Sätze zu Ende zu führen, doch das eine *Ich bin* endet nach seinem *bin* und kann nicht weitergeführt werden. Es ist das kleine Ich, das für die Persönlichkeit steht, das denkt, weiterführt, vermutet, bewertet und will. *Ich bin* will nichts. *Ich bin* ist. *Ich bin* wertet nicht, es nimmt lediglich wahr.

Können wir uns der Wirklichkeit wirklich bewusst sein? Sich dem anzunähern, was sich nicht wissen lässt und was man absolut nicht verstehen kann, ist eine große Herausforderung. Zu dieser Aufgabe sind wir alle aufgerufen, doch haben wir uns irgendwie in anderen Beschäftigungen verloren, die wir zu unseren Hauptaufgaben gemacht haben.

Was verstehen wir unter dem Wort Bewusstsein? Ist Bewusstsein der Lebensraum, in dem wir existieren? Ist Bewusstsein das einzig Wahre? Ist Bewusstsein nur eine Spiegelung des Geistes, in dem sich Leben tummelt? Oft hören wir, dass es nichts außer Bewusstsein gibt. Aber Bewusstsein ist nicht die Quelle, weil es etwas geben muss, was Bewusstsein ermöglicht. Das könnten wir Geist nennen. Geist hat nichts mit dem Denken zu tun. Der Geist, von dem ich hier spreche, ist Licht, Liebe und die Grundlage für das, was wir als Schöpfung verstehen. Ihr Bewusstsein brauchen

Sie nicht zu suchen, weil es nicht Ihr Bewusstsein ist. Bewusstsein ist die Grundlage allen Lebens.

Wir drehen uns im Kreis, wenn wir uns auf die Suche nach Glück und Befriedigung begeben. Glück finden wir nicht in der Welt da draußen, sondern in uns drinnen. Es ist also näher, als wir uns vorstellen können.

Alles ist Bewusstsein. Alles schwingt. Der Mensch wird dazu aufgerufen, Bewusstsein zu durchschauen und sich als das höchste Ich zu erkennen. Doch wie geht das?

Was ist zu tun?

Sie können ja nicht einfach ins Bewusstsein hineinspazieren. Das Ich kann nicht bis dorthin vordringen, was auch seinem Werkzeug – dem Verstand – nicht möglich ist. Das Ich selbst ist auch ein Werkzeug. Also gilt es, alle Werkzeuge abzulegen und hinter sich zu lassen. Und wie können wir sie hinter uns lassen? Nicht indem wir denken, alles loswerden zu müssen, sondern indem wir es in Gänze durchschauen. Da Licht unsichtbar ist, sind unsere Sinne nicht wirklich das passende Werkzeug dafür. Wir alle sind Suchende und noch nicht angekommen. Unsere Reise ist anstrengend und abwechslungsreich. Anstrengend ist sie aber nur, weil es da ein Ich gibt, das sich anstrengt. Das Ich will etwas erreichen und hat ein Ziel vor Augen. Zu Bewusstsein zu kommen ist aber kein Ziel, wir sind ja bereits das, wonach wir suchen. Was wollen wir mehr?

Alles begann damit, dass wir uns von uns abgewandt haben, und das geschah bereits vor der Geburt. Seither wandern wir von einem Leben zum anderen und sind der Wanderschaft müde. Irgendwie haben wir unsere wahre Aufgabe, nämlich die Selbsterkenntnis, aus den Augen verloren.

Wenn Sie damit beginnen, nach dem wahren Glück Ausschau zu halten, wird sich Ihr Weltbild verändern. Dies zu wollen reicht nicht aus, es bedarf einer inneren Bereitschaft. Ist diese gegeben, öffnet sich ein Tor und Sie brauchen nur noch hindurchzugehen. Damit spreche ich natürlich nicht Ihr Ich an, sondern Ihr wahres Wesen. Finden wir hinter dem Tor Antworten auf alle Fragen? Nein. Dort angelangt, wird es keine Fragen mehr geben, weil sie in der *Ichlosigkeit* zuvor transzendiert wurden.

Weil wir fast ausschließlich dem materiellen Glück hinterherlaufen, können wir dem wahren Glück nicht begegnen. Wir leben mitten unter Menschen – und das ist gut. Doch sollten wir uns nicht darin verlieren. Mittendrin zu leben ist eine Sache. Die andere ist, dieses Mittendrin als einzige Realität zu verstehen. Wer sich an Objekte bindet, ist nicht frei. Frei sein kann man auch, wenn man vieles besitzt, es aber nicht als Besitz erachtet. Wer alles, was er hat, augenblicklich abgeben kann und genauso glücklich ist wie zu dem Zeitpunkt, als er noch alles hatte, hat das Lebensglück realisiert.

Um Spiritualität nach und nach in unseren Alltag zu integrieren, braucht es die Weisheit, die in uns wohnt. Diese Weisheit ist das, was wir in unserem Innersten bereits sind. Und genau das ist es, was wir vergessen haben.

Wir wissen über fast alles Bescheid. Über den anderen oft mehr als über uns selbst, auch wenn das nur Interpretationen sind. Was wir über uns wissen, sind nur Vorstellungen, die wir über uns haben. Wir sind nicht so, wie wir denken, da wir nicht diese Gedanken sind. Wir sollten damit beginnen, uns selbst näher kennenzulernen, und dieses Buch gibt uns die Gelegenheit dazu. Es sind durchaus keine lächerlichen oder langweiligen Fragen, sondern welche, die Ihr Innenleben offenlegen. Vielleicht fragt sich Ihr Verstand, wo diese Fragerei hinführen soll. Was bringt es mir? Sie führt sicherlich nicht von Ihnen weg und nicht irgendwohin, sondern direkt in die Selbsterkenntnis. Erst wenn Sie wissen, was in Ihnen vorgeht, warum Sie immer in gleichen Mustern denken, warum Sie immer auf dieselben Probleme hereinfallen und warum Ihr Leben so ist, wie es ist, kann die wahre Reise beginnen. Lassen Sie uns beginnen! Sind Sie bereit? Bereit dazu, etwas mehr über sich herauszufinden und Missverständnisse aufzudecken? Es braucht Mut, nicht jeder Mensch traut sich. Es ist nicht immer angenehm, was da so freigelegt wird – und wer liebt schon seine Schwächen? Wir wollen eher mit Stärken brillieren und perfekt, gut und besser sein, als wir jetzt sind. Doch jetzt legen wir es darauf an, dass das Unschöne in uns hochkommt, damit wir es uns ansehen und anschließend für immer aus unserem Dasein entlassen können.

Wie ist meine Wahrnehmung?

_____

_____

_____

_____

Gibt es Unbehagen oder Fragen, die in meinem Denken auftauchen, wenn von Selbsterkenntnis die Rede ist? Wenn ja, welche?

_____

_____

_____

_____

_____

Dass das *Ich bin* illusorischer Natur ist und ich noch viel mehr bin als dieser Körper, was fällt mir dazu ein?

_____

_____

_____

_____

Gibt es Zweifel? Wenn ja, welche?

_____

_____

_____

_____

Habe ich Angst vor mir selbst?

_____

_____

_____

_____

_____

Lässt sich diese Angst in Worte kleiden?

_____

_____

_____

_____

Wovor genau fürchte ich mich?

_____

_____

_____

_____

Wie sollte ich mich stärken?

_____

_____

_____

_____

_____

Was kann ich tun, um mit meiner selbst mehr bewusst zu werden?

_____

_____

_____

_____

Was lenkt mich von mir selbst ab? Was tut mir nicht gut? Was sollte ich sein lassen und hinter mir lassen?

_____

_____

_____

_____

Gibt es konkreten Handlungsbedarf, etwas zu beenden? Und wenn ja, welchen?

_____

_____

_____

_____

Was bedeutet Bewusstwerdung für mich?

_____

_____

_____

_____

Folgende Schwachpunkte in meinem Leben werde ich definitiv genauer betrachten und anschließend in Stärken verwandeln:

Ich selbst:

_____

_____

_____

_____

Gesundheit/Körperbewusstsein

_____

_____

_____

_____

Beruf/Berufung:

_____

_____

_____

_____

Partnerschaft/Beziehung:

_____

_____

_____

_____

Familie/Zwischenmenschliches:

_____

_____

_____

_____

_____

_____

Sonstiges:

_____

_____

_____

_____

Meine Einsichten des heutigen Tages:

_____

_____

_____

_____

WAS KANN ICH TUN?

Wenn Sie Tag 1 ein weiteres Mal lesen, halten Sie Ihre neuen Einsichten fest, um sie mit den ersten zu vergleichen. Dieses gilt auch für alle späteren Tage. Sie finden am Ende des Buches Raum, um Ihre Bewusstwerdung schriftlich festzuhalten.

Lesen geschieht oft sehr flüchtig, wobei der Verstand Vergleiche anstellt und nachvollziehen will. Etwas in seiner ganzen Tiefe zu erfassen, bedeutet, sich immer wieder damit zu beschäftigen. Es geht ja nicht um den

Vorgang des Lesens, sondern um Sie. So kann das Gelesene in immer weitere Herzensebenen vordringen, und Sie werden sich selbst völlig neu kennenlernen. Und zwar nicht Ihr persönliches Sein, sondern Ihr wahres Sein, das wirklich unergründlich ist.

TAG 2

PROBLEMEN ADIEU SAGEN

Wer loslässt, hat mehr als der, der sich bindet.
Es ändert sich nichts, solange nicht losgelassen wird!

Loslassen bedeutet nicht, etwas aus dem Leben zu streichen. Loslassen ist eine Geisteshaltung und keine Handlung. Die Handlung wird der Haltung automatisch folgen, doch zuerst geht es darum, Dinge nicht mehr in seinem Bewusstsein festzuhalten. Warum? Weil wir uns ständig mit ihnen beschäftigen, sie auseinandernehmen, sie kritisieren, uns an ihnen stören und uns damit an sie binden. Dadurch halten wir das, was wir eigentlich nicht möchten, aufrecht. Wir geben ihm Energie und verstärken es nur, wenn wir ihm Achtsamkeit schenken. Etwas wollen ist nicht mit dem inneren Loslassen gleichzusetzen. Wenn Sie sagen, »das will ich nicht mehr«, passiert erst mal nichts, wie Sie aus eigener Erfahrung wissen. Deswegen kann man dieses Dagegensteuern auch sein lassen und sich derweil auf das konzentrieren, *was ist*. Das, *was ist*, gerät in Vergessenheit, wenn das Loshaben-Wollen dominiert.

Es geht nicht darum, bei Lebensumständen oder Personen Änderungen zu vollziehen, sondern darum, seine Sichtweise zu ändern. Diese ist verantwortlich für das, was man erfährt. Das Spiel der

Gedanken und der Gefühle kann uns ganz schön zusetzen, wenn wir unzufrieden sind. Gedanken und Gefühle sind für die Lebensumstände verantwortlich. Dies sollte uns mehr und mehr bewusst werden. Gedanken laufen konfus in unserem Kopf umher. Wer sie beobachtet, weiß, dass sie nicht immer wohlwollend sind. Wenn jeder Gedanke eine Ursache ist, werden wir auch ihre Auswirkung erfahren. Wir beschweren uns über unsere Lebensumstände. Uns passt dies und das nicht und wir wollen alles anders haben. Haben Sie sich schon mal gefragt, ob dem Leben unsere Gedanken passen? Die Lebensumstände sind das Produkt unserer Gedanken. Wie also sollen sie anders sein?

Wie soll es anders sein, wenn wir es doch konstruieren? Etwas müssen wir gemacht oder gedacht haben, damit es so ist, wie es jetzt ist. Etwas müssen wir durch unsere Gedanken verursacht haben, dem eine Wirkung folgt. Grundsätzlich ist es ganz einfach.

Hier geht es aber nicht um Schuldzuweisungen, also dass wir etwas falsch gemacht oder etwas Falsches gedacht haben. Es geht um ein genaues Hinsehen, nämlich um die Erkenntnis, dass das Ich es ist, das diese Unruhe erzeugt. Wer also sagt, dass wir Schuld an unseren Lebensumständen haben, hat vergessen, dass er ja nicht dieses Ich ist. Wie will er dann schuld sein? Schuld ist die Einbildung, etwas zu sein, was nichts ist außer einem Konzept. Eine Farce, etwas, das als Überlagerung im Bewusstsein erscheint und über keine reale Existenz verfügt.

Schauen wir über die Objekte, Vorstellungen und Meinungen hinaus und erkennen wir, dass das Ich nur eine Überlagerung unserer wahren Existenz ist. Wir sind Körper und Geist (Licht), wobei der Geist aber nichts Konträres, sondern der Grundstein für das Ich ist. Wir sind beides. Ohne Geist könnten wir keinen Körper haben. Geist ist das Einzige, was wirklich vorhanden ist. Die Seele ist Geist. Aber der Körper kann ohne Geist nicht leben. So wie ein Radio nicht ohne Strom funktioniert, sind auch wir auf Energie angewiesen. Was glauben Sie, wie wir funktionieren? Es ist nahezu logisch, dass der Mensch einen Antrieb haben muss und dass das Gehirn, das Herz, ja alle Organe und Gliedmaßen nicht von selbst funktionieren. Die Marionette kann nur das bewerkstelligen, was ihr der Marionettenspieler zugesteht. Wenn er sich nicht bewegt, wie soll die Puppe sich rühren?

Das erscheint zwar logisch, aber niemand macht sich Gedanken darüber, wie sein Menschsein, sein Denken, sein Handeln und seine Gesinnung funktionieren. Also mir reicht die grundsätzliche Aussage nicht aus, dass wir Menschen sind. Nur weil mich alle Kurt nennen, ist das kein Beweis dafür, dieser Kurt zu sein. Er ist mein Werkzeug, aber ich bin mir sicher, dass mein und unser aller Sein weder im Körper beginnt noch dort endet. Es ist unsere Pflicht, uns darüber Gedanken zu machen. Wir denken ja sonst auch über alles Mögliche nach. Wenn wir nur 10 % für tiefsinnige Fragen aufbringen würden, wären wir nicht nur ein ganz anderer Mensch, sondern würden uns wohl auch in einer anderen Lage befinden. **Halten wir nach Einsichten Ausschau, anstatt uns über die Erfahrungen zu beklagen.** Vergeuden wir nicht weitere kostbare Zeit mit Ansichten, sondern öffnen wir uns für mehr Bewusstsein und Klarheit, damit wir unser intuitives Erkennen wiedererlangen.

Also lassen wir los, was nicht zu uns gehört. Alle unsere Feinde befinden sich im Kopf und sonst nirgendwo. Im Außen erscheinen sie als Spiegelung, doch in unserem Innersten herrscht Friede. Das Herz ist verschüttet und die Steine, die sich davor angesammelt haben, müssen zuerst abgetragen werden. Es sind Gedankenfelsen und Brocken voller Missverständnisse und Eigenheiten, die da herumliegen. Schmerzliche Erfahrungen, Verletzungen, Glaubensmuster, allerlei Programme, Widerstände, Vermutungen, Einbildungen sowie Ängste, Wut, Zorn, Gier, Hass, Hochmut und die Ich-Bezogenheit im Allgemeinen. Wer Unvollkommenes loslässt, lässt seine Persönlichkeit los. Natürlich brauchen wir sie, um unser Leben zu erfüllen, doch erfüllen wir es? Erfüllen Sie es? Eigentlich ist es nicht die Persönlichkeit, die wir loslassen, sondern die Einbildung, eine Persönlichkeit zu sein.

WAS KANN ICH TUN?

Loslassen geschieht, indem man der Sache, die einen beschäftigt, keine Beachtung mehr schenkt. Wir sagen »Das beschäftigt mich«, aber das stimmt nicht. Uns kann nichts beschäftigen, nur wir können uns mit Dingen beschäftigen. Oder hat Sie eine Situation jemals dazu aufgefordert, sich mit ihr auseinanderzusetzen? Lassen wir es sein, wie es ist. Weder gedanklich noch emotional brauchen wir uns mit Dingen zu beschäftigen, die jetzt nicht sind. Was jetzt nur im Kopf stattfindet und gar nicht eins zu eins erlebt wird, hat im Augenblick nichts verloren. Es herbeizuziehen macht uns höchstens unglücklich. Es festzuhalten auch. Es zu zelebrieren ebenfalls. Der Augenblick steht für sich selbst und braucht keine alten Gedanken aus der Vergangenheit. Auch für Befürchtungen, die die Zukunft betreffen, gibt es keinen Platz. Der Moment kennt keine Zeit und ist an solchen Spielereien nicht interessiert, da er zeitlos ist. Und vergessen wir nicht, auf unsere Worte zu achten. Unnötige Gespräche und Gedanken über das, was wir wollen oder nicht wollen, sind überflüssig.

Also: Verstand entlassen, Herz anlassen, Licht einlassen, Stille zulassen, Ich-Bezug weglassen, Situation loslassen und es endgültig sein lassen – sein lassen, wie es ist.

Welche Gedanken beschäftigen mich, wenn es ums Loslassen geht?

_____

_____

_____

_____

Wie denke ich über mich?

_____

_____

_____

_____

Wie sehe ich die Welt?

_____

_____

_____

_____

Wie fühle ich mich in meiner Lebenssituation?

_____

_____

_____

_____

Wie sind meine Lebensumstände?

◊ zufriedenstellend?
◊ verbesserungswürdig?

Was ist im Außen zu verbessern? Welche Punkte fallen mir zuerst ein? Worunter leide ich?

_____

_____

_____

_____

_____

_____

Gesundheit/Körperbewusstsein:

Beruf/Berufung:

Partnerschaft/Beziehung:

Familie/Zwischenmenschliches:

_____

_____

_____

_____

Sonstiges:

_____

_____

_____

_____

Warum fällt mir das Loslassen schwer? Woran halte ich fest?

_____

_____

_____

_____

_____

_____

Das, was ich verbessern will, ist das, was ich als Projektion erfahre. Wenn das Innere sich im Außen spiegelt, dann muss ich *was* ändern? Was genau gilt es, als Unsichtbares loszulassen (Ideen, Vorstellungen, Glaubenssätze, Meinungen, Annahmen etc.)?

_____

_____

_____

_____

Was in mir sieht die Dinge unklar? Und was ist es, was ich nicht erfassen kann?

_____

_____

_____

_____

Meine Einsichten des heutigen Tages:

_____

_____

_____

_____

TAG 3

SUCHEN ODER FINDEN LASSEN?

Wer sucht, der findet nichts. Lassen wir uns finden!

Es gibt verschiedene Arten der Suche. Es gibt eine Suche des Verstandes und eine Suche, die das Herz vorzieht. Ein inneres Verlangen, sich selbst zu erkennen, ist mehr als ein Gedanke. Der Wille, etwas zu bekommen, das einem guttut, das Leben verbessert und das Ich befriedigt, ist eine ganz andere Geschichte. Worum geht es im Leben?

Ist es wirklich eine Suche, die uns zu dem führt, was wir wirklich sind? Können wir dorthin gelangen – und wenn ja, wie?

Eigentlich sind wir längst schon dort, weil wir das Gesuchte längst sind. Wir glauben aber, etwas anderes zu sein, und genau dort hängen wir fest. Natürlich sind wir Menschen, aber nicht nur. Also geht es nicht um eine erzwungene Veränderung, sondern nur um einen Perspektivwechsel. Wir müssen keine außergewöhnliche Entdeckung des Jahrhunderts machen und auch keine überirdische Leistung vollbringen. Im ersten Schritt brauchen wir nur die Augen zu schließen und unser Bewusstsein von der Welt abzuziehen.

Aus welcher Perspektive erleben wir das, was uns widerfährt? Sehen wir die Dinge als Wollender oder als Beobachtender? Sind wir der Handelnde oder der Zeuge?

Der Wollende will natürlich alles verbessern. Er leidet und möchte, dass sich sein Leben ändert. Doch das Leben ändert sich nur, wenn sich die Gesinnung ändert, da das Leben die Gesinnung spiegelt. Der Beobachtende erfreut sich am Augenblick. Sein Leben muss nicht nur rosarot sein, sondern darf die Farbe haben, die sich im Augenblick zeigt. Für ihn ist es absolut okay, wie es jetzt ist. Das Leben ist kein Wunschkonzert. Wir glauben, dass das Leben idyllisch wird, wenn wir bewusster leben. Das stimmt nicht ganz. Jeder Mensch hat seine Stationen zu durchlaufen, und die sind nun mal nicht immer nur hell. Es geht nicht darum, schnell mal etwas mehr Bewusstsein zu entwickeln, damit das Leben schöner wird. Das wäre ein Kuhhandel.

Was bedeutet es, Akzeptanz zu leben? Es so annehmen zu müssen, weil einem ohnehin nichts anderes übrig bleibt? Herkömmliche Akzeptanz ist keine Lösung, da dies nur bedeuten würde: Ich nehme es an, weil mir nichts anderes übrig bleibt. Es bedarf eines inneren Einverstandenseins mit den Dingen, weil man tief in sich drin verstanden hat, dass sie nur so sein können, wie sie jetzt sind. *Sie können nicht anders sein, sonst wären sie es ja.*

Es gibt nichts Schlechtes, kein Leid und keine Unordnung. Wir empfinden und erleben es so, aber nur aus der Ich-Perspektive. Diese leistet Widerstand gegen das, was sie nicht mag und was ihr unangenehm ist. Genau deswegen entsteht ein Problem überhaupt erst. Natürlich gibt es Dinge, die nicht so schön sind, aber das ist das Leben. Es nutzt nichts, dagegen anzukämpfen. Das ist nur unnütze Energieverschwendung. Lassen wir es sein, wie es ist. Tun wir unser Bestes – und alles wird gut. Vielleicht nicht für das Ego, aber das ist eine andere Sache.

Auch wenn wir als Mensch davon betroffen sind, es macht uns nicht mehr betroffen. So werden wir davon nicht mehr geknechtet

– es berührt uns nicht. Diese Haltung erlangen wir, wenn wir durchschaut haben, dass die Persönlichkeit, als die wir in dieser Welt erscheinen, nichts weiter ist als eine Erscheinung. Eine Person ist nicht, sie erscheint: Die Realität aber *ist*.

WAS KANN ICH TUN?

Dass wir uns immer völlig gelassen verhalten, kann nicht geübt werden. Es braucht kein Zutun, sondern Wachsamkeit. Wir müssen dem Leben aufmerksam begegnen, unsere Gedanken im Zaum halten und uns zurückhalten. Wir mischen uns ständig ein, und das bindet uns an die Schwere der Materie. Leichtigkeit erfahren wir, wenn wir dem Leben still begegnen und es laufen lassen, ohne uns einzubinden. Wir müssen nicht überall unseren Senf dazugeben und alles, was im Hirn aufsteigt nach außen posaunen. Stiller zu werden bedeutet, dem Leben mit Respekt gegenüberzutreten und sich selbst nicht so in den Vordergrund zu stellen. Im Leben geht es nicht um uns, sondern darum, was wir denken und wie wir uns verhalten. Es ist die Gesinnung, die zählt, und nicht unser Schaffen.

Es gibt Wichtigeres als die Persönlichkeit, nämlich das, was die Persönlichkeit am Leben erhält. Wenden wir uns mehr nach innen und verlieren wir uns nicht ständig in Alltagsgeschichten. Natürlich nehmen wir am Leben teil. Wir stehen ja mitten in der Gesellschaft und haben Aufgaben zu bewältigen und Verpflichtungen nachzukommen. Dies bedeutet aber nicht, dass wir uns nicht auch die Zeit nehmen können, um nach innen zu gehen. Die Natur gibt uns so viel. Ein Spaziergang oder eine kurze Zeit mit geschlossenen

Augen sitzen zu bleiben, bewirkt Wunder, auch wenn wir das kaum nachvollziehen können. Der Vogel sitzt 21 Tage auf einem Ei. Wenn wir das Ei nicht sehen, denken wir, der sitzt ja nur. Dieses »nur sitzen« bringt neues Leben hervor. Die Dinge sind eben nicht immer nur so, wie wir sie sehen. So wie sie scheinen, sind sie gewiss nicht. Wir sehen nur das Interpretierte und niemals die Realität, der wir uns nicht bewusst sein können. Warum? Weil wir das Ich und das, was das Ich erlebt, zu unserer einzigen Realität erklärt haben. Da ist aber viel mehr, als wir sehen und begreifen können. Etwas, was sich außerhalb der Sinne befindet. Etwas, was in uns steckt und entdeckt werden möchte. Lassen wir unser Ich los, damit das hervortreten kann, was sich dahinter verbirgt.

Wie begegne ich der Welt?

_____

_____

_____

_____

Was möchte ich ändern?

_____

_____

_____

_____

Welche Veränderungen erwarte ich für mich dadurch?

_____

_____

_____

_____

Womit bin ich in meiner jetzigen Situation nicht einverstanden?

_____

_____

_____

_____

Was erhoffe ich mir vom Leben?

_____

_____

_____

_____

_____

ERWARTUNGEN ZIEHEN ENTTÄUSCHUNGEN NACH SICH.

Lassen Sie diesen Satz auf sich wirken und meditieren Sie darüber. Schließen Sie für zehn Minuten die Augen und schauen Sie, was das Wort Erwartungen in Ihnen auslöst. Was macht es mit Ihnen? Welche Gefühle lockt es hervor? Welche Gedanken kommen hoch?

TAG 4

TUN, WAS DAS LEBEN WILL

**Handle, ohne zu wollen, tue ohne Absicht,
wirke ohne Zwang und frei von Erwartungen.**

Veränderungen herbeizuführen und immer etwas anderes haben zu wollen, scheint wohl eine Veranlagung zu sein. Jeder will es besser haben. Jeder versucht, etwas zu erreichen. Jeder strengt sich an, damit seine Lage besser wird. Doch sind wir in der Lage, etwas zu verändern? Reicht der Wille aus? Ist das, was geschieht, vorhersehbar, ist es Bestimmung oder etwas, worauf wir Einfluss nehmen können? Erwartungshaltungen setzen uns unter Druck. Sie machen uns das Leben schwer. Es ist nicht die Sache an sich, mit der wir unzufrieden sind. Das Umkrempeln wollen ist ein unnatürlicher Drang, der uns den Moment nicht wahrnehmen lässt. Erwartungen erzeugen Unruhe und katapultieren uns vom Augenblick weg. Was ist so schwer daran, sich mit den Gegebenheiten zu arrangieren?

Das Leben ist kein Wunschkonzert, und trotzdem möchten wir uns nicht mit der Ist-Situation abfinden. Es geht, wie bereits erwähnt, nicht um Akzeptanz, sondern darum zu erkennen, dass es so, wie es ist, absolut stimmig ist. Es ist nie unstimmig, sondern immer so, wie wir es bezeichnen und empfinden. Grundsätzlich ist es anders, als wir es empfinden, sonst müsste es ja für alle Menschen gleich sein. Und da jeder Mensch anders fühlt und empfindet, so hängt auch die Empfindung von der Sichtweise des Einzelnen ab. Kommen wir vom Tun ins Wirken und lassen wir die Dinge geschehen. Das sogenannte Nichttun im Tun bedeutet nicht, auf der Couch zu liegen und auf bessere Zeiten zu warten. Das sogenannte Bessere fällt nicht vom Himmel, und wer sagt, dass unsere Wunschvorstellungen wirklich besser sind? Sie mögen sich von der Jetzt-Situation unterscheiden, aber besser ist eine Frage der Definition. Also liegt es an der Interpretation, wie Dinge empfunden werden. Wir können den ganzen Tag arbeiten und dabei »nichts tun«. Handeln ganz von selbst, wenn es nicht mit dem Eigenwillen bestückt ist. Man leistet wesentlich mehr und ist um einiges produktiver, wie wenn man sich bei einer Tätigkeit anstrengt. Der Wunsch nach Erfolg ist das eigentliche Problem. Wir haben jeden Augenblick Erfolg, weil immer das erfolgt, was unserem Bewusstsein entsprechend erfolgen muss. Es ist eigentlich ganz einfach.

Warum möchten wir immer etwas anderes machen als das, was wir gerade ausüben? Das ist ein Phänomen. Wir träumen von den unterschiedlichsten Dingen. Wenn sie eingetroffen sind, passt es uns auch wieder nicht, und wir denken schon wieder an eine neue Möglichkeit, die noch besser sein könnte. Wann haben wir genug?

Wann genügt uns das Leben?

Wann genügen wir uns?

Wann beginnen wir damit, mit dem zufrieden zu sein, was uns der Augenblick schenkt?

Was auch immer wir tun, es wird nie gut genug sein. Zumindest für den Verstand, der andauernd etwas zu nörgeln hat. Wie wir es auch machen, wir machen es falsch. Machen wir etwas nicht, können wir uns von unserem Verstand wochenlang anhören, warum wir es nicht getan haben. Machen wir es, dann streut er Zweifel und redet

uns ein, dass das auch nicht richtig war. Hören wir nicht auf die Gedanken und machen wir uns klar: Wir können absolut nichts falsch
machen. Warum? Weil wir es immer nur so machen konnten, wie
wir es gemacht haben. Ansonsten hätten wir ja anders gehandelt,
wenn wir das gekonnt hätten. Richtig und falsch sind nur Vorstellungen, die im Gehirn ablaufen. Sie haben keine wahre Existenz.

WAS KANN ICH TUN?

Schenken wir dem Zweifel und Widersacher in uns keine
Aufmerksamkeit und tun wir einfach das, was wir tun.
Und zwar mit viel Freude und Hingabe, dann ist es gut.
Der Fehler ist, dass wir richtig und falsch am Ergebnis
messen. Leben wir nicht nach Ergebnissen, Erwartungen
und Wunschvorstellungen, sondern geben wir unsere
Kraft allein in das Tun, da ohnehin das geschieht, was
geschieht. Was auch immer wir tun, wir können das Ergebnis nicht beeinflussen. Es liegt in der Hand Gottes.
Vertrauen wir darauf, dass alles seine Richtigkeit hat
und zwar ohne Ausnahme. Immer!
Wir müssen uns auch keine Vorwürfe machen, wenn wir
etwas nicht getan haben. Vieles ist überflüssig, auch
wenn wir denken, dass es wichtig sei. Da wir sowieso
nichts beeinflussen können, braucht es auch keinen
Druck, wenn etwas nicht erledigt worden ist. Wir wissen
nie, wofür es gut ist, warum die Dinge sich so fügen und
so sind, wie sie sind.

Befriedigung und Erfüllung finden wir sicher nicht in unseren
Aktivitäten, sie liegen in uns verborgen. Also sollten wir die Ärmel
hochkrempeln und graben. Graben wir so lange, bis wir an einen

Punkt vorstoßen, an dem wir uns zumindest vage vorstellen können, was unsere eigentliche Wesenheit ist oder sein könnte. Wir werden nie wissen, was wir wirklich sind, weil sich nur das wissen lässt, was in Raum und Zeit erscheint. Wir sind nicht dazu da, um nur Geld zu verdienen, etwas zu leisten und es zwischendurch etwas lustig zu haben. Wir sind alle mit derselben Aufgabe gekommen, nämlich uns über uns selbst bewusst zu werden. Und wie steht es um Ihre Aufgabenerfüllung?

Welche Ziele, Wünsche und Vorstellungen habe ich in folgenden Bereichen?

Mein Selbstbild
Wie sehe ich mich?

_____

_____

_____

Wo bin ich unzufrieden mit mir, enttäuscht von mir, streng mit mir? Wo mache ich mir Selbstvorwürfe und wo setze ich mich unter Druck?

_____

_____

_____

_____

Welche Änderungswünsche habe ich im Bereich Gesundheit und Körperbewusstsein?

_____

_____

_____

d) Welche Erwartungen und Ziele habe ich im Beruf?

_____

_____

_____

e) Was erhoffe ich mir von einer Partnerschaft/Beziehung?

_____

_____

_____

_____

f) Was sind meine Pläne im Bereich Familie/Zwischenmenschliches?

_____

g) Sonstige Vorstellungen und Wünsche:

_____

_____

_____

_____

_____

h) Was steht mir im Weg? Was hindert mich daran, mich neu zu orientieren?

_____

_____

_____

_____

Das Einzige, was hinderlich ist, sind die Vorstellungen, die wir haben. Es ist menschlich, Ziele vor Augen zu haben. Doch Ziele hindern uns daran, das wahrzunehmen, was ist. Wir verlieren den Augenblick aus den Augen, der uns so viel zu bieten hat. All das zieht an uns vorbei, weil wir gedanklich bereits in der Zukunft sind. Doch Zukunft existiert ausschließlich im Gedanken, wo sonst soll sie sein? Es ist ja immer jetzt, auch morgen und in einem Jahr wird jetzt sein. Eine Handlung vollzieht sich nicht außerhalb des

Augenblicks und ist etwas Heiliges, wenn sie intuitiv geschieht und nicht vom persönlichen Willen gesteuert ist.

Lassen wir die Vorstellungen beiseite und legen wir die Idee ab, dass es ein besseres Leben gibt. Das bessere Leben existiert nur im Kopf, in Gedanken. Auch wenn die momentane Situation etwas schwierig ist, so entspricht sie uns. Wenn wir nur in Problemen denken, werden wir nichts weiter als solche hervorbringen. Leicht ist das Leben nicht, und der Glaube, dass es andere leichter haben, ist auch nur eine überflüssige Annahme. Jeder Mensch ist auf dem Weg, auf dem Weg zu sich selbst. Sobald er die Erde betritt, ist er auf dem Weg zu sich zurück. Manche Menschen finden sich in einfacheren Lebensumständen wieder, manche werden mit intensiveren Herausforderungen konfrontiert. Doch jedes Leben ist eine Herausforderung. Die größte Herausforderung ist zu erkennen, dass wir nicht das sind, wofür wir uns halten – nicht »nur« das sind. Wir sind viel mehr als ein Körper. Daran sollten wir uns erinnern.

TAG 5
DER AUGENBLICK ZÄHLT

**Wer im Augenblick lebt, dem sind
Vergangenheit und Zukunft fremd.**

Leben Sie im Augenblick oder sind Sie gedanklich woanders? Der Augenblick zieht sich wie ein roter Faden durch dieses Buch, weil es eigentlich nichts außer ihm gibt. Dieses Jetzt ist etwas Heiliges. Das Ego nimmt ihm den Glanz, weil es seine Sinne ständig woanders hinrichtet und rastlos in die Ferne schweift. Wir schöpfen unaufhörlich aus der Vergangenheit und erzeugen Zukunft, wobei es in diesem Moment beides nicht gibt.

Wo ist das Erinnerte? Es ist nur im Kopf, denn woanders kann es sich nicht bewegen. Wo ist Zukünftiges? An derselben Stelle, da es nichts weiter ist als eine Vorstellung, oft auch eine Befürchtung. Wenn alle Begegnungen im Gehirn stattfinden, wie wirklich ist Leben dann? Wie wichtig sind ein Zuvor und das Danach, und macht es Sinn, dort Energie hineinzugeben?

Dies bedeutet nicht, dass wir an nichts denken dürfen. Natürlich denkt der Mensch. Wichtig ist nur, dass wir uns mit den Gedanken nicht identifizieren. Wir haben Gedanken, aber wir sind sie nicht.

Im Augenblick zu sein, heißt nicht, im Liegestuhl zu relaxen und jahrelang nichts zu tun, sondern sich in jedem einzelnen Moment vollumfänglich bewusst zu sein, dass früher und später nichts mehr als Ideen sind. Es existiert nur ein Jetzt, und das will erfüllt werden. Gedanken lassen sich nicht aufhalten und es geht nicht darum, sie loszuwerden oder abzustellen, sondern herauszufinden, worin sie begründet liegen.

WAS KANN ICH TUN?

Hinschauen ist angesagt – und zwar nicht nur oberflächlich. Erkennen wir, dass die Gedanken, die ständig in unser Bewusstsein vordringen, nichts Beständiges sind. So sollten wir sie auch wieder gehen lassen, sie nicht festhalten und sie rund um die Uhr zelebrieren. Warum? Weil sie das erschaffen, was wir Leid nennen. Gedanken sind notwendig, sollten aber keineswegs überbewertet werden. Wir sind nicht unsere Gedanken, wir definieren uns nur darüber. Besser gesagt: Das Ich tut das, und dieses Ich ist eine Überlagerung. Das Ich ist die Ursache für alle Probleme. Probleme gibt es nur dort, wo sich ein Ich einmischt.

Der Augenblick bietet uns die Möglichkeit, über das Ich hinauszugehen und dort hinzuschauen, wo es Leid niemals gegeben hat. In der Zeitlosigkeit zu leben bedeutet nicht, Zeit zu ignorieren, sondern aus dem Augenblick heraus Dinge geschehen zu lassen, anstatt sie willentlich zu erzwingen.

Was tut mir gut? Womit fühle ich mich wohl? Was ist in diesem Moment zu tun? Diese Fragen sind auch im Alltag wichtig. Wir sollten uns angewöhnen, so wenig wie möglich zu planen und unsere eigenen Entscheidungen zu treffen. Wir treffen jeden Augenblick erneut die Wahl, was in diesem Moment »getan werden will«. Es kann sein, dass wir uns morgens vornehmen, eine Arbeit zu erledigen, doch später bemerken wir, dass es zu diesem Zeitpunkt gar nicht mehr passt. Das ist aber keine persönliche Kopfentscheidung, sondern ein intuitives Spüren, ein innerliches Erfassen. Wir sind mit unserer Präsenz natürlich immer anwesend. Wer hier ist, verliert sich nicht in Gedanken, erzeugt somit auch keine Zukunft und belebt keine Vergangenheit mehr. Und aus diesem Hiersein heraus bewirken wir viel, am besten immer nur das, was zu 100 % stimmt, denn 99 % sind eindeutig zu wenig.

Nehme ich den Augenblick wahr? Schweife ich gedanklich oft ab? Wenn ja, was werde ich tun, um das Jetzt mehr zu genießen? Welche Maßnahmen werde ich ergreifen?

_____

_____

_____

_____

UND ICH KANN NOCH MEHR TUN

Es gibt viele Hilfestellungen. Ich kann Wächter vor meine Gedanken stellen. Ich kann mir vorstellen, dass Gedanken Vögel sind, die an mir vorbeifliegen. Ich kann mit den Gedanken sprechen, mit ihnen lachen und ihnen ihre Grenzen aufzeigen. Sie zu ignorieren bringt nicht viel. Wenn ich den Verstand ignoriere, räume ich ihm eine Existenz ein, da ich ihn ja bewusst ablehnen muss. Seine Existenz ist nur bedingt. Aus geistiger Sicht sind Gedanken Energien, die getrennt von uns existieren. Die Ratio ist etwas Komplexes und Eigenständiges. Also sehen und behandeln wir sie auch so und schenken ihr keinen Raum, in dem sie sich niederlassen kann.

Eigentlich ist es ganz einfach. Wenn wir uns nicht um Gedanken kümmern, ihnen also keine weitere Aufmerksamkeit schenken, gehen sie irgendwann von selbst weg. Das bedeutet nicht, dass sie nicht wiederkommen. Aber wer hat gesagt, dass wir uns mit ihnen abgeben müssen? Wenn es an Ihrer Tür klopft und Sie keinen Besuch empfangen wollen, machen Sie erst gar nicht auf. Machen Sie es mit Ihrer Gedankenwelt genauso: Lassen Sie sie draußen. Beobachten Sie sie. Sie darf da sein, deswegen ist ein Ignorieren nicht sinnvoll. Sehen Sie einfach zu, wie die Gedanken kommen und gehen, was sie denken und wollen – und nehmen Sie es mit Humor. Das kann Wunder wirken. Übung macht den Meister.

Gedankenkräfte sind stark.
Sie sind stärker!

Wie sehe ich meine Zukunft?

_____

_____

_____

_____

_____

Bin ich mir bewusst, dass die Vergangenheit nur in meinem Kopf existiert?

_____

Bin ich mir bewusst, dass Zukunft auch nur ein weiteres Hirngespinst ist?

_____

Was kann ich aus meinen Kopf entlassen, was die Vergangenheit betrifft? (Erlebnisse, die verletzend waren. Ereignisse, an denen ich noch zu nagen habe.) Was setzt mir noch zu? Welche Themen kann ich jetzt in mein Bewusstsein nehmen und hinter mir lassen?

_____

_____

_____

_____

Wie sehe ich meine Zukunft jetzt?

_____

_____

_____

TAG 6

SEINE MAGNETKRAFT AKTIVIEREN

Was du denkst, zu dem wirst du. Wie du dich bettest, so wirst du liegen. Du ziehst das in dein Leben, was du ausstrahlst.

Aufmerksam sein und die Aufmerksamkeit gezielt ausrichten, um das anzuziehen, was wir wünschen, ist ein umfassendes Thema. Doch an dieser Stelle möchte ich etwas ausführlicher sein, um Ihnen Ihre magnetische Ader nicht nur bewusst zu machen, sondern um Ihnen aufzeigen, wie Sie diese gezielt einsetzen können. Sie verursachen ständig Schicksal. Ohne dass es Ihnen bewusst ist, formen Sie Gesundheit, Erfolg, Glück, Wohlstand – oder eben auch nicht. Dies geschieht durch Ihre energetische Signatur. Sie sind ein permanenter Sender und senden ständig Energie einer ganz bestimmten Schwingung aus. Dadurch ziehen Sie ganz bestimmte Ereignisse in Ihr Leben. Natürlich halten Sie ebenso zuverlässig andere Ereignisse oder Umstände fern, auch wenn Sie sich diese noch so sehr wünschen. Sie glauben, Sie bräuchten dies oder das, aber das ist nur die Einbildung des Egos. *Sie brauchen nichts – außer: die Erkenntnis um Ihre wahre Identität.* Sie können Ihre Ausstrahlung, Ihr »magnetisches Geld«, das ich auch gerne die energetische Signatur nenne, gezielt verändern, so dass erwünschte Ereignisse angezogen und unerwünschte Ereignisse nicht mehr hervorgerufen werden. Ihre Signatur ist wie ein Spieleinsatz, den Sie unbedingt einsetzen sollten.

Sie können ein bewusster Sender sein, der sich seiner energetischen Signatur bewusst ist. Ob wir wollen oder nicht: Wir senden Energie aus, die über eine bestimmte Schwingung verfügt. Dadurch können sich nur die Dinge ereignen, die sich ereignen. Es sind die, die wir angezogen haben, weil wir sie zuvor energetisch ausgesendet haben. Ob unbewusst oder bewusst spielt hier keine Rolle. Wir könnten es auch Ursache und Wirkung nennen. Wir senden vieles aus, wie Gefühle, Gedanken und Worte. Auch Taten sind Ursachen und unsere Glaubenssätze ebenfalls. *Einem jeden geschieht nach seinem Glauben.* Dieser Satz wird nie seine Gültigkeit verlieren. Was man nicht glauben kann, wird sich nicht ereignen. Ereignet es sich trotzdem, ist das wohl der Beweis dafür, dass die Dinge nicht unsere Zustimmung brauchen, damit sie geschehen können. Natürlich hat das Leben seine eigene Dynamik, die aber als Wirkung und als Ursache folgt. Wenn man also sagt, dass wir im Leben nichts beeinflussen können, muss man verstehen, dass damit nur der persönliche Wille gemeint ist. Unsere Ausstrahlung und Schwingung verursachen natürlich etwas und zwar ständig, weil sie ja mit Dingen in Resonanz gehen. Sie stoßen Dinge ab und ziehen sie an, das sollte uns allen nicht neu sein.

Wenn Sie von etwas überzeugt sind, dann ist es für Sie richtig, ganz gleich, ob es nun stimmt oder nicht. Das mit dem »stimmen« ist ohnehin eine heikle Sache, da wir alle in einer völlig eigenen Realität leben. Wir alle haben unterschiedliche Erfahrungen gesammelt und Erinnerungen abgespeichert, die dafür ausschlaggebend sind, wie wir etwas auffassen und sehen können. Es versteht sich von selbst, dass jeder Mensch aus seiner Perspektive recht hat, auch wenn es nur seine individuelle Sicht ist. Wenn also Meinungen aufeinanderprallen, ist das kein Wunder. *Niemand weiß mehr, er kennt es nur anders.*

Die bisherigen Gedanken, Überzeugungen und Meinungen, die nichts weiter als Annahmen sind, haben die Gestaltung Ihrer Zukunft übernommen. Ihre Sicht ist zur Realität, zur sichtbaren Überzeugung geworden. Wenn Sie Ihre Überzeugungen erkennen wollen, schauen Sie einfach auf Ihre jetzigen Lebensumstände, die Ihre Überzeugungen als Realität erlebbar und real gemacht haben. Wenn es um meine Aufmerksamkeit geht und darum, wohin ich sie lenke, kann ich ja auch ganz bewusst etwas kreieren bzw. mich für etwas magnetisch machen.

WAS KANN ICH TUN?

Nehmen Sie Ihren gewünschten Endzustand geistig in Besitz, indem Sie sich in diesen neuen Situationen erleben. Machen Sie die Erfüllung sichtbar und erfüllen Sie sich mit einem starken Gefühl der Freude und Dankbarkeit. Erleben Sie es allumfassend und stellen Sie sich nicht nur einen Wunsch vor, sondern tun Sie so, als ob er bereits Wirklichkeit wäre. In dem Moment, in dem es wirklich ist, wenn vorerst auch nur in Ihnen, also energetisch, setzen Sie eine Ursache. Die Wirkung muss der Ursache folgen, und diese entspricht einer Spiegelung. Ihren Zustand zu denken reicht nicht aus, er muss auf allen Ebenen erfahren und von Ihrer Energie durchdrungen sein.

Viele Menschen haben mir berichtet, wie wunderbar das funktioniert hat. Sollte sich Ihre Vision nicht erfüllen, gibt es zwei Gründe: Entweder waren Sie im Zweifel und sind energetisch auf der Wunschebene geblieben oder das, was Sie anstreben, entspricht nicht Ihrem Naturell. Ego-Wunsch ist nicht immer gleich Selbsterfahrung, das sollten wir uns merken. Was nicht sein soll, wird unter keinen Umständen geschehen. Was für Sie vorherbestimmt ist, kommt ohnehin. Deswegen wiederholen Sie die Imagination oder lassen Sie sie fallen. Erzeugen Sie neue Bilder, ganz gleich, welche. Wichtig ist, dass Sie sich darin wohlfühlen und Ihr Wunsch mit dem Kosmos im Einklang steht. Dies ist kein persönliches Wunschkonzert und kein Spiel, sondern ein wirklichkeitserschaffender Vorgang, den Sie deshalb auch wirklich ernst nehmen sollten.

Gefühlte Freude, Dankbarkeit und innere Gewissheit sind sozusagen die Auftragsbestätigung des Lebens, dass eine Ursache gesetzt worden ist. Sie machen sich für die Erfüllung magnetisch, indem Sie sich immer wieder, am besten ständig voller Freude und Dankbarkeit in der Vorstellung der Erfüllung erleben. Das muss kein Akt sein, den man macht und den man wieder vergisst, man sollte sich jeden Augenblick daran erfreuen und keine Gelegenheit auslassen. Der Gedanke an Ihre Vision kann Sie über den ganzen Tag verteilt glücklich machen. Vergleichen wir es mit dem Verliebtsein. Wenn Sie sich frisch verlieben, vergeht kaum ein Augenblick, in dem Sie nicht aufgeregt sind. Ständig denken Sie an den anderen, und immer wieder schießen Bilder hoch, wie es war, wie es sein wird, wie es ist. Da ist eine Intensität, an der Sie sich ein Beispiel nehmen können. Genauso soll die Freude sein. Beständig, echt, euphorisch und trotzdem bodenständig.

Nutzen Sie die Macht der Wiederholung ohne Absicht, sondern lassen Sie ihr Platz. Lassen Sie sie an Ihrem Alltag teilhaben und bleiben Sie im Augenblick. Sollten Sie Zweifel ereilen, denken Sie diesen Gedanken unter keinen Umständen weiter. Beobachten Sie ihn und lassen Sie ihn ziehen. Gedanken können ganz schön hartnäckig sein und können uns ganz schon zusetzen. Sie sind Meister im Belästigen und Meister der Verkleidung. Sie kommen immer mit anderen Bildern, um uns in den Zweifel zu führen. Aber wir müssen ja nicht stehen bleiben und uns dieser Belästigung hingeben. Gehen wir weiter und kümmern wir uns nicht um die Gedanken. Eigentlich haben sie nichts mit uns zu tun, aber das müssen wir noch erkennen.

TIPP

Vermeiden Sie es, den Auftrag wieder abzubestellen. Die Abbestellung geschieht zuverlässig mit einem »Hoffentlich hat es geklappt« – Gedanken oder »Das funktioniert nur bei anderen«. Seien Sie sich bewusst, dass Mangel nicht schöpfungsgerecht ist. Fühlen Sie sich wert, die natürliche Fülle in Ihr Leben zu lassen und zu erfahren, sie in allen Aspekten in Erscheinung treten zu lassen – und zwar als Ihre erlebte Realität. Es ist ganz natürlich, im Wohlstand zu leben, weil Sie Wohlstand sind. Wer das noch nicht realisiert hat, hängt im Mangelbewusstsein fest, und was soll dieses Armutsdenken im Außen erzeugen? Fülle? Gewiss nicht!

Das Leben ist ein permanenter Schöpfungsprozess. Was tun Sie für Ihre Erfüllung?

_____

_____

_____

_____

Sehen Sie Hindernisse, die Ihnen im Weg stehen? Wenn nicht, sehen Sie genauer hin. Welche sehen Sie im Außen?

_____

_____

_____

_____

Und welche Hindernisse entdecken Sie bei sich selbst?

_____

_____

_____

_____

Wunscherfüllung. Wie empfinden Sie dieses Wort? Wie stehen Sie dazu? Welche Erfahrungen haben Sie damit gemacht?

_____

_____

_____

_____

_____

Nun nehmen Sie ins Bewusstsein, dass sich Ihr inneres Hindernis aufgelöst hat. Lassen Sie alles sein und jeden Gedanken los. Schließen Sie kurz die Augen und werden Sie innerlich still. Wenn Sie sich in einen Sessel setzen wollen, überlegen Sie dann vorher, wie Sie das machen müssen? Nein, Sie setzen sich einfach hin. Sie müssen es nicht erst versuchen, weil Sie sich ja nur hinzusetzen brauchen. Mit derselben Selbstsicherheit tauchen Sie jetzt in Ihr Innerstes ein und erfreuen sich am Augenblick.

ZUR INFO

»Ich will nicht mehr krank sein.« »Ich will nicht mehr arbeitslos sein.« »Ich möchte nicht mehr alleine sein.« All das sind keine Bestellungen, auch wenn man es als Wünsche anerkennen könnte. Das sind Widerstände, sonst nichts. Und Widerstände blockieren natürlich den Fluss, was sich von selbst versteht. Sie können in all den Sätzen das »nicht« streichen – und das, was übrig bleibt, werden Sie erleben. Das, was Sie nicht wollen, ziehen Sie an, da es auf energetischer Ebene keine Verneinungen gibt.

TAG 7
RUHE, EINKEHR,
SAMMELN UND LOSLASSEN

»Am siebten Tage sollst du ruhen«. Das haben Sie sicher auch schon mal gehört. Deswegen werden wir uns an diesem Tag besinnen und die letzten Tage Revue passieren lassen. Wenn Sie möchten, können Sie die letzten sechs Tage über sechs Wochen verteilen, d. h. ein Sechs-Wochen-Programm daraus machen, um die Wirkung zu intensivieren. Die Wirkung ist kein Ergebnis, sondern Bewusstwerdung. Es geht nicht darum, irgendein Ziel zu erreichen, und es müssen sich weder Erwartungen erfüllen noch Wunder passieren. Das Ziel ist es, kein Ziel zu verfolgen und Erwartungen fallen zu lassen. Rückbesinnung hat auch etwas mit Reduzierung zu tun. Rückbesinnung auf das Wesentliche braucht Geduld – und zwar viel. Aus diesem Grund empfehle ich Ihnen sogar, die sechs Tage in sechs Wochen umzuwandeln. Am besten lesen Sie den Text jeden Tag durch und ergänzen Ihre Notizen täglich. Sie werden staunen, dass Sie jeden Tag tiefer ins Ich vordringen und ganz neue Einsichten gewinnen. Wer sich Zeit gibt, den beschenkt auch die Zeit. Zeit ist Leben.

Heute können Sie in sich gehen. Gehen Sie spazieren, widmen Sie sich einer stillen Tätigkeit, bei der Sie sich spüren. Viele Hobbys lenken nur ab und überdecken Gefühlsregungen und Intuition. Am Seeufer zu sitzen und dem Wassertreiben zuzusehen oder die Bergkulisse und Vögel zu beobachten klingt nicht gerade interessant, vielleicht sogar ein wenig langweilig. Fakt ist, es wirft Sie auf sich selbst zurück. Die Natur ist immer gut, weil sie uns nicht von uns ablenkt, sie weist uns auf etwas hin, das wir tief in uns tragen.

Müssen wir immer etwas tun? Wir sind es gewohnt, in Bewegung zu sein. Ist das wirklich notwendig? Aber warum ist das so?

Wenn wir ruhig werden und nicht jeder Bewegung nachgeben, wird es uns langweilig und das empfinden wir als unangenehm. Haben Sie schon mal darauf geachtet oder bemerkt, dass die meisten Handlungen nur eine Art Flucht vor sich selbst, vor seinen eigenen Wahrnehmungen sind? Setzen Sie sich heute einmal einfach nur hin. Schnappen Sie sich einen Sessel, stellen Sie ihn mitten in den Raum und nehmen Sie Platz.

Was? Hinsetzen und nichts tun? Was ist das für eine dumme Sache! Das kann doch jeder. Vielleicht kann sich jeder hinsetzen und sitzen bleiben können vielleicht auch einige, aber sich ganz entspannt fallen lassen und dabei zu vergessen, dass man sitzt, das gelingt bestimmt kaum jemandem. Dann kommen nämlich Gefühle angekrochen, die äußerst unangenehm sind. Diese bewegen uns zur Bewegung. Geben wir ihr nach, werden die Gefühle damit wieder unter den Teppich gekehrt und werden weniger wahrnehmbar sein. Das ist aber nicht der Sinn und Zweck, denn das, was uns belastet und sich in uns versteckt, dem sollten wir uns stellen. Wenn wir einen Müllsack im Keller verstecken, wird der Gestank bald unerträglich sein. Würden unsere Belastungen, Sorgen und Ängste, Zweifel, Aggressionen und Eigenheiten Gerüche haben, dann würden alle Menschen mit einer Klammer auf der Nase herumspazieren. Wenn wir unsere Unruhe nicht bändigen und nicht zulassen, dass wir unsere Unzulänglichkeiten anschauen, wird das Problem auch nicht gelöst. Das Problem ist kein äußeres, sondern es sind die inneren Schlacken, die zäh an uns kleben und von denen wir uns ablösen müssen. Uns weiterhin dem ständigen Bewegungsdrang hinzugeben hat zur Folge, dass wir uns immer weniger spüren. Doch wer sich nicht spürt, wird sich von den alten Geschichten nicht ablösen können.

Um magnetisch zu sein und unsere Ausstrahlung und Anziehungskraft zu verstärken, müssen wir still werden. Wir müssen Gedanken und Gefühle durchbrechen und uns dem annähern, was darunterliegt. Je stiller und ruhiger wir werden, umso mehr werden wir uns als Supermagnet entwickeln und entfalten können.

Was wird durch Gedanken verdeckt? Was ist durch unzähmbare Gefühle unsichtbar? Was glauben Sie, was in den Vordergrund rücken würde, wenn wir uns weniger mit Gedanken und Gefühlen identifizieren würden?

_____

_____

_____

_____

_____

ÜBUNG 1

Wenn Sie heute noch nicht in der Natur waren und auch keine andere Möglichkeit gefunden haben innezuhalten, lassen Sie uns doch zum »Sessel-Beispiel« zurückkehren. Nehmen Sie sich drei Stunden Zeit, stellen Sie das Telefon leise und die Musik ab. Setzen Sie sich aufrecht hin und versuchen Sie, den Oberkörper gerade zu halten. Legen Sie Ihre Hände auf die Oberschenkel. Es sollte nicht zu angestrengt und nicht zu locker sein, also eine Position, in der Sie sich durchaus wohlfühlen. Nun machen Sie einfach mal nichts. Sehen Sie sich um. Die Zeit scheint sich ab jetzt zu verlängern, das Zeitgefühl verlangsamt sich. Dass Nichtstun schwieriger ist, als etwas zu tun, werden Sie nach spätestens zwei Stunden, wenn nicht schon nach einer halben Stunde merken. Während dieser drei Stunden lassen Sie alle Gedanken kommen und gehen, wie sie wollen, aber steigen Sie auf keinen ein. Denken Sie die Gedanken, die zu Ihnen drängen, nicht weiter, sondern begrüßen Sie sie mit einem Hallo und verabschieden Sie sie, wenn Sie möchten, mit einem Adieu. Gleichzeitig machen Sie dasselbe mit Ihren Gefühlen. Beobachten Sie, was alles auftaucht, und lassen Sie es einfach so sein. Wehren Sie nichts ab und lassen Sie sich auf nichts ein. Tun Sie so, als ob Sie mit Ihren Gedanken und Gefühlen nichts zu tun haben, und seien Sie einfach nur der, der zusieht. Nicht mehr und nicht weniger. Einfach sitzen und zusehen, was passiert.

Was verfolgt diese Übung? Eigentlich nichts. Man wird doch eher von den Gedanken verfolgt, oder? Ging es Ihnen anders? Wichtig ist es zu erkennen, was außer den Gedanken und Gefühlen noch da ist. Was verbirgt sich darunter? Dies herauszufinden ist sicher keine Angelegenheit von drei Stunden, aber vielleicht finden Sie Gefallen daran und bleiben dran, indem Sie diese Übung wiederholen und sich schließlich sich selbst annähern und sich völlig neu kennenlernen.

Was habe ich wahrgenommen?

Welche Gedanken waren die hartnäckigsten?

_____

_____

_____

_____

Welche Gefühle haben mich gestört?

_____

_____

_____

_____

Habe ich nach dieser Zeit eine Veränderung gespürt? Wenn ja, welche?

_____

_____

_____

_____

_____

Mein Resümee von dieser Erfahrung:

ÜBUNG 2, SCHRITT 1

Nehmen Sie sich ein Blatt Papier und einen Stift. Anschließend setzen Sie sich bequem in einen Sessel. Oberkörper gerade, aufrecht sitzend und mit den Händen auf den Oberschenkel ruhend betrachten Sie den Gegenstand Ihrer Wahl. Nehmen Sie einen Gegenstand, also irgendetwas, ins Visier, das in Ihrer unmittelbaren Gegend steht. Vielleicht ist es eine Vase, ein Bild oder eine Lampe. Ganz gleich, wofür Sie sich entschieden haben, es spielt keine Rolle. Es sollte aber kein Mensch oder Haustier sein, das Ihnen davonlaufen kann, sondern ein Objekt, was unverändert an seinem Platz verweilt.

Halten Sie den Blick auf das Objekt gerichtet. Nun sehen Sie es sich genau an und schreiben Sie auf, **was** Sie sehen (Form, Farbe, Details etc.), einfach alles, was sich niederschreiben lässt. Die Frage lautet noch immer: **Was sehen Sie?** (Ohne den Blick vom Objekt abzuwenden.)

_____

_____

_____

_____

ÜBUNG 2, SCHRITT 2

Nun legen Sie den Stift kurz weg. Sehen Sie sich das Objekt noch einmal kurz an und lesen Sie nochmals, was Sie niedergeschrieben haben. Nun geht der Blick wieder zum Objekt und bleibt auch darauf gerichtet.

Sehen Sie jetzt vielleicht auch die Wand, ein Fenster, einen Vorhang, einen Tisch, ein Bild, einen Bleistift oder andere Gegenstände? Das alles sehen Sie, **während** Sie das Objekt weiterhin anschauen. Wahrscheinlich haben Sie all das nicht aufgeschrieben.

Haben Sie es nicht gesehen? Nein? Wahrscheinlich eher nicht. Und warum nicht? Was glauben Sie?

_____

_____

_____

_____

_____

_____

ÜBUNG 2, SCHRITT 3

Das Ego – also unser persönliches Dasein – setzt voraus, dass wir getrennt von alldem, was uns umgibt, existieren. Nun blicken wir von diesem Standpunkt aus in die Welt hinaus, wobei unser Fokus sehr begrenzt ist. Werden wir weit und schließen wir – auch wenn wir den Blick auf eine Sache richten – alles, was uns umgibt, mit ein, gelangen wir automatisch in eine andere Wahrnehmung.

Schauen Sie den Gegenstand an, und dann schreiben Sie auf, was Sie noch alles »sehen« bzw. wahrnehmen. Wenn Sie möchten, blicken Sie während des Schreibens immer wieder auf den Gegenstand, aber nicht woandershin. Sie werden sehen, dass die Liste wesentlich länger wird. Legen Sie los (ohne etwas auszulassen und ohne das, was Sie aufschreiben, direkt anzusehen). Sie werden staunen, was Sie plötzlich alles »sehen« können, ohne es direkt anzusehen.

Wie fühlt es sich an, wenn ich alles miteinschließe? Ist es befremdlich, neu? Was löst es aus?

_____

_____

_____

_____

_____

ÜBUNG 2, SCHRITT 4

In diesem nächsten Schritt wird es spannend. Sie haben alles Mögliche aufgeschrieben, was Sie umgibt und, von Ihrer Sicht aus, getrennt von Ihnen, im sogenannten Außen, existiert.

Haben Sie auch sich selbst aufgeschrieben? Gehen Sie mit Ihren Augen noch einmal zu dem Objekt Ihrer Wahl. Sehen Sie auch Ihre Nasenspitze? Ihre Haarspitzen, Ihre Brille? Ihre Oberschenkel oder Teile der Arme?

Wenn Sie ein Objekt ansehen, nehmen Sie eigentlich immer alles gleichzeitig wahr. Bisher haben Sie das aber nicht bemerkt, weil Sie abgelenkt waren. Nicht Ihre Person nimmt das alles wahr, sondern Sie. Ihre eigentliche Identität sieht alles. Wir aber fokussieren uns auf etwas und leben im Allgemeinen sehr begrenzt. Somit schließen wir all das, was wir nicht als uns selbst betrachten, automatisch aus. Schon seltsam. Wenn Sie jetzt den Gegenstand nochmals ansehen und Ihre Wahrnehmung weiter werden lassen, werden Sie auch Teile von sich selbst sehen.

Schreiben Sie bitte auf, was Sie von sich selbst »sehen«, während Sie das Objekt betrachten. Und nicht vergessen: nicht woanders hinsehen!

_____

_____

_____

_____

_____

Wenn Sie zum Beispiel ein Buch lesen, sehen Sie niemals die Seiten und auch nicht Ihre Hände. Aber all das ist immer da. Wenn Sie so lesen, indem Sie auch Ihre Hände miteinbinden, sehen Sie anders. Wenn Sie so leben und auch sich selbst miteinbeziehen, empfinden Sie das Leben anders und auch sich selbst. Wenn Sie zum Beispiel eine unangenehme Begegnung oder einen Streit haben und Ihre Zentriertheit auf den Ihnen gegenüberstehenden Menschen aufgeben und Ihre Wahrnehmung weit werden lassen, gehen Sie schon mal von diesem Streit weg. Nun werden Sie offen und alles um Sie herum, auch Sie selbst, sind im selben Bild vorhanden, wo auch der ist, der Sie vielleicht gerade beleidigt oder beschimpft. Wenn Sie alles, inbegriffen sich lebst, in der einen Wahrnehmung erleben, ist es unmöglich, etwas persönlich zu nehmen. Sie können plötzlich gar nicht mehr so gut argumentieren, weil Sie sich nicht mehr auf den Menschen versteifen, sondern ihn als Teil der Wahrnehmung empfinden, in der auch Sie vorkommen. Wenn alles in einem Bild ist, wie können Sie sich noch vom anderen unterscheiden? Und wie wollen Sie noch etwas persönlich nehmen?

Es ist unmöglich! Probieren Sie es beim nächsten Mal gleich aus. Es ist so, dass sich mit dieser geistigen Haltung Ihre Ausstrahlung über alles legt und sich nicht nur über ein Objekt oder über einen Menschen stülpt. Somit wird die Situation und auch das, was der andere sagt, nebensächlich, weil es abgeschwächt wird. Irgendwie erreicht Sie der andere nicht mehr. Er erreicht Sie als Person nicht mehr – und doch spricht er zu Ihnen. Es ist eine unglaubliche Erfahrung, die Ihnen guttun wird.

Wenn Sie nicht reagieren, schlagen Sie nicht zurück. Sie müssen weder Stellung beziehen noch antworten. Dies bedeutet, dass Sie in Ihrer Kraft bleiben und keine Ursache setzen. Keine Ursache setzen bedeutet, keiner Wirkung ausgesetzt zu sein. Sozusagen sind Sie »aus dem Schneider«. Eine Wohltat und eine neue Erfahrung, nicht nur für Sie, sondern auch für Ihr Gegenüber. Das von ihm Ausgesandte prallt unweigerlich an Ihnen ab und kann Sie in keiner Weise belasten. Es geht energetisch postwendend an den Absender zurück. Somit wird auch ihm einiges bewusst werden. Wenn nicht gleich, bestimmt später. Jeder spürt es, wenn er das Gegenüber nicht erreicht. Das löst in demjenigen weiteren Unmut und Zorn aus und kann auch Aggressionen hervorrufen. Somit helfen Sie nicht nur sich, sondern auch Ihrem Gegenüber. Es kommen nämlich unschöne Gefühle hoch, und was hochkommt, wird nicht mehr unter den Teppich gekehrt. Was jahrelang daruntergekehrt wurde, kann endlich ausheilen. Und es heilt nur dann aus, wenn es zu einem zurückkommt, weil es der andere nicht mehr annimmt – er steigt nicht mehr ein. Diese weite Wahrnehmung erlaubt eine Distanz, die das Leben leichter macht. Man beginnt, alles – und vor allem sich selbst – nicht mehr so wichtig zu nehmen. In jedem Fall geschieht eine Befreiung, auch wenn diese bei allen Beteiligten vorerst unbemerkt bleibt.

Wie fühlt es sich an, wenn ich nicht nur alles um mich herum wahrnehme, sondern auch mich selbst in diese Wahrnehmung miteinbeziehe?

_____

_____

_____

_____

_____

Welche Veränderungen nehme ich wahr?

_____

_____

_____

_____

ÜBUNG 2, SCHRITT 5

Bleiben Sie zu Hause oder sehen Sie hinaus und üben Sie das. Setzen Sie es um. Sie müssen nicht zuerst warten, bis sich eine Konfrontation ergibt. Beim Spazierengehen sehen Sie auf den Weg und Sie werden keinen Unterschied zwischen den Schafen, den Vögeln, den Wolken und Ihren Füßen sehen. Alles ist in einem Bild vorhanden. Ihre Wahrnehmung wird weit. Ihre Wahrnehmung ist eins. Sie sind eins. Das, was Sie zu sein glaubten, ist nur Ihre körperliche Hülle, was aber nichts weiter als ein Werkzeug ist. Sie sind viel mehr, als Sie denken. Erforschen Sie es.

Erste Ergebnisse:

_____

_____

_____

_____

_____

Erste Erfahrungen mit der weiten Wahrnehmung. Was hat sich verändert? Wie habe ich empfunden? Wie fühlt es sich an?

_____

_____

_____

_____

_____

_____

_____

WIE ICH ZU MIR FINDE: EINE VERTIEFUNG

Eine Übung, die keine Übung ist

Das gibt es: das tägliche »Training« für ein erfülltes Leben. Und wie viel Zeit nehmen Sie sich täglich für das Wichtigste – nämlich Ihr Erwachen, Ihre Selbsterkenntnis, Ihre Reise zu sich selbst? Ich möchte Ihnen gerne etwas verraten. Jeden Tag, besser gesagt: jeden Morgen, praktiziere ich ein Ritual. Das Ritual habe ich »Ritual des stimmigen Erwachens« genannt. Ich habe mir vorgenommen, mich jeden Tag zu einer bestimmten Uhrzeit hinzusetzen, meine Augen zu schließen und mich für mindestens zehn Minuten ganz meinem Innenleben zu widmen. Wir putzen uns jeden Tag die Zähne, kämmen uns die Haare, essen und trinken, schlafen und arbeiten, aber was tun wir für uns selbst? Es ist schon eigenartig, dass wir für so viele Dinge Zeit haben, so viele Stunden vergeuden, unendliche Zeit vor dem Fernseher verbringen, ständig irgendetwas zu tun haben und irgendetwas planen, aber dabei vergessen haben, uns um uns selbst zu kümmern. Daher muss es uns nicht wundern, dass wir uns schlecht fühlen. Unser Innenleben verkümmert. Und wann genau haben Sie vor, sich um Ihr Innenleben zu kümmern und endlich damit zu beginnen, sich selbst ernst und wichtig zu nehmen?

Es kann doch nicht sein, dass wir es nicht schaffen, für nur wenige Minuten am Tag die Augen zu schließen und einfach nur zu sein. Uns hinzusetzen und unserer inneren Stimme zu lauschen, was ist daran so schwer? Es ist schwieriger, als es klingt. Alle einfachen Dinge stellen eine Herausforderung dar. Nur müssen wir zuerst überhaupt wissen, wie wichtig es ist, uns selbst Zeit zu schenken. Wie wollen wir erwachen, wenn wir schlafen? Wie können wir vom Leben Glück und Zufriedenheit erwarten, wenn wir nicht dazu bereit sind, unser Menschsein in eine neue Richtung zu lenken?

Es geht nicht darum, heilig zu sein, den ganzen Tag zu meditieren, jeden Menschen lieb zu haben und nur Gutes zu tun. Nein, es geht darum, uns endlich wieder selbst zu entdecken und zu erkennen, dass wir uns in eine Richtung bewegen, die uns nicht guttut. Diese Richtung geht immer nach außen und beschert uns Kummer und Leid, Probleme und Sorgen. Warum ist das so? Es versteht sich von selbst, dass auch unsere Seele Nahrung braucht, um sich entfalten zu können. Sie möchte sich wohlfühlen, sie möchte blühen und erwachen. Sie wird aber kleingehalten. Sie verkümmert. Wenn wir ihr nichts zu essen und zu trinken geben, ist es nicht möglich, dass sie sich aus ihrem Gefängnis befreit. Und wie sieht dieses Gefängnis aus?

Dieses Gefängnis ist das Ich, das Ego. Das Ego ist aber nichts Schlimmes, es ist auch nicht unser Feind, sondern das, womit wir den Weg des Erwachens bestreiten können. Auch der Verstand ist unser Freund. Wir müssen nicht versuchen, ihn loszuwerden. Wir müssen ihn, wie bereits gesagt, nicht bekämpfen und nicht gegen ihn sein. Nutzen wir ihn, um den Weg des Erwachens mit ihm gemeinsam zu gehen. Er wird uns darin unterstützen. Die Frage ist, wie wir ihn einsetzen wollen. Wollen wir ihn ständig nur mit Informationen füttern, die wir im Außen wahrnehmen? Oder wollen wir endlich damit beginnen, ihn mit den tiefen Lebensfragen zu beschäftigen? Laden wir ihn doch ein, darüber nachzudenken, wie es um unser Innenleben steht. Der Verstand ist nicht nur dazu da, um Rechnungen auszuführen, um Pläne zu schmieden, um einen Einkaufszettel zu schreiben, um unsere Aufgaben zu erledigen oder um als Mensch zu funktionieren.

Der Verstand kann viel mehr, als Sie denken. Er kann so viel mehr und ist auch für mehr zu gebrauchen, also nutzen wir ihn. Nutzen wir ihn für Sinnvolleres, als über Probleme nachzugrübeln, die sich ohnehin nicht ändern lassen. Probleme lassen sich nicht durch Nachdenken lösen. Auch ändern wir sie nicht, indem wir im Außen Dinge ändern. **Handlungen sind keine Problemlöser, Handlungen sind die Folge unseres Soseins.** Probleme sind die äußere Erscheinungsform unseres Innenlebens, unseres inneren Empfindens. Das, was uns umgibt, ist wie ein Abdruck unserer inneren Welt. Wir sind, was wir denken. Also: Denken wir großzügig, denken wir nicht klein. Denken wir darüber nach, was wir in Wahrheit sind, denn das, was wir Leben nennen, lebt sich selbst. Wir brauchen nicht Tag und Nacht darüber nachzudenken, was wir tun sollen und wie wir unser Leben gestalten.

Es spricht nichts dagegen, über unser Leben nachzudenken und natürlich müssen wir das, doch wir denken in Problemen. Das Denken beschert uns Probleme und das Denken hält die Probleme aufrecht. Doch schauen wir noch etwas genauer hin und erkennen wir, dass die Probleme, die uns belasten, gar keine wirklichen Probleme sind, sondern eine ganz normale Folge unseres Verhaltens, unserer Gedanken, unserer Worte und unserer Gefühle. Wenn wir ständig negativ denken, wie soll das Leben positiv sein?

Es ist schon eigenartig, dass wir alle glücklich sein wollen, aber niemand darüber nachdenkt, wie das Unglück entsteht. Wir sehen in Dingen die Ursache, die nicht die Ursache sind. Es sind nur die Umstände. Die Ursache sind immer wir selbst. Dies sollten wir herausfinden.

Nun möchte ich zu meinem täglichen Training zurückkehren, das ich zu Beginn des Kapitels erwähnt hatte. Dieses tägliche Training ähnelt einer Übung aus dem letzten Kapitel. Eigentlich tue ich bei der Übung nichts. Ich denke nichts, ich will nichts und ich erwarte nichts. Ich setze mich bequem auf einen Stuhl, lege die Hände auf meine Füße und mache meine Augen zu. Alle Gedanken, die kommen, schaue ich mir an. Ich bewerte sie nicht, ich führe sie nicht aus, ich halte sie nicht fest und denke nicht über sie nach. Ich hole sie nicht herbei und ich entlasse sie nicht. Ich beeinflusse sie nicht. Ich beobachte sie, als wären sie Vögel. Vögel, die vorbeifliegen und nach kurzer Zeit wieder aus meinem Blickfeld verschwinden werden. Wer einen Vogel einfängt, darf sich nicht darüber wundern, wenn er sich auf seine Schulter setzt, dort seinen Magen entleert oder einem das Ohr anpickt. Niemand zwingt uns dazu, den Vogel, geschweige denn einen ganzen Schwarm, einzufangen. Es sind zig Bücher über Gedanken geschrieben worden. Sie haben vielleicht auch schon eines darüber gelesen. Gedankenkräfte sind nicht zu unterschätzen. Dass dies nicht nur ein schlauer Satz ist, wissen wir alle. Dennoch denken wir frischfröhlich drauflos und tragen nicht das Geringste dazu bei, etwas an unseren Gedankengewohnheiten zu verändern. Gedanken sind Ursachen. Ursachen folgen Wirkungen. Wie soll sich im Außen, also in der Wirkung, etwas verändern, wenn die Ursache immer dieselbe bleibt? Wir denken ständig dasselbe. Wir denken auch ständig in denselben Mustern. Wir sind scheinbar nicht bereit, ungute Gedanken aufzugeben, aber wollen keine unguten Erfahrungen machen. Das ist schon eigenartig. Wenn wir in den Spiegel sehen und weinen, können wir auch kein lachendes Gesicht erwarten.

Beginnen Sie also damit, täglich innezuhalten. Bestimmen Sie eine Zeit, am besten immer dieselbe, zu der Sie sich einfach für wenige Minuten zurückziehen. Achten Sie darauf, jede Ablenkung zu vermeiden. Alle technischen Geräte sollten ausgeschaltet werden, und wenn Sie möchten, können Sie leise Musik hören, die Sie beim Abschalten unterstützt. Wie schaltet man ab? Das ist eine gute Frage. Meine Übung, bei der es nichts zu tun gibt, ist alles andere als leicht. Ich hatte es schon erwähnt, dass es für viele Menschen unmöglich ist, still auf einem Sessel zu sitzen. Nach fünf Minuten wird man unruhig. Nach zehn Minuten ist es nicht besser geworden. Nach einer Viertelstunde ist es kaum noch auszuhalten und eine halbe Stunde ist wie eine halbe Ewigkeit. Wenn es Ihnen anders geht, dann gratuliere ich Ihnen. Dann tragen Sie einen wahren Schatz in sich. Ein Schatz, der wertvoller ist als mancher weltliche Besitz.

Wenn Sie sich vierzehn Tage lang die Zeit genommen haben, für mindestens zehn Minuten innezuhalten, dann steigern Sie die Zeit des Innehaltens auf zwanzig Minuten. Wenn Ihnen das zu viel sein sollte, bleiben Sie vorerst bei zehn Minuten, solange Sie es möchten. Wichtig ist, dass Sie nichts erzwingen und dass Sie sich dabei wohlfühlen. Es sollte eine Auszeit-Oase sein, Momente, die Ihnen guttun, und nicht Momente, die Ihnen guttun sollten. Das Abschalten ist keine Abschaltübung. Es geht also nicht darum, nicht zu denken, sondern sich diese zehn Minuten unbewusst zu beobachten. Nehmen Sie die Rolle des Beobachters ein, ohne bewusst diese Rolle einzunehmen. Sie werden zu gegebener Zeit ganz von selbst in diese Rolle hineinfallen, wenn Sie nicht bewusst an dieser Sitzung teilnehmen.

Es ist kein Vorhaben und keine Handlung, sondern ein Geschehenlassen. Der Verstand begreift das nicht, aber Ihr Herz wird Sie lenken. Nicht teilzunehmen bedeutet, alles, was kommt oder auch nicht kommt, sein zu lassen. Sein zu lassen bedeutet aber nicht, es zu ignorieren. Sehen Sie es als eine Art Hingabe, Hingabe an den Augenblick. Sie nehmen am Leben teil, Ihre Gedanken nehmen teil, Ihre Gefühle nehmen teil, alles, was sich zeigt, ist mit dabei. Dabei werden Sie entdecken, dass das, wofür Sie sich bisher hielten, nicht dabei sein kann, sondern die Basis für »alle Anwesenden« ist. Ein Körper sitzt auf einem Stuhl. Gedanken denken. Gefühle fühlen. Geräusche sind einfach da. Dies alles ist ein natürlicher Prozess, der mit Ihrer wahren Identität nichts zu tun hat. All das hat mit dem Körper, mit dem Ego, mit dem zu tun, als was Sie in der Welt erscheinen. Sie sind aber mehr als ein Körper, mehr als Gedanken, mehr als Gefühle und mehr als alles, was Sie auf sich beziehen und worüber Sie sich definieren. Diese Übung, die eigentlich gar keine Übung ist, dient dazu, still zu werden und hinzuhören. Und zwar nicht mit den Ohren, sondern mit Ihrer inneren Intelligenz.

Wenn Sie diese Übung das erste Mal gemacht haben, schreiben Sie bitte auf, wie Sie sich danach fühlen.

_____

_____

_____

_____

_____

Danach beantworten Sie bitte noch folgende Fragen.
Sind Ihnen diese zehn Minuten lang vorgekommen?

_____

_____

_____

Haben Sie sich dabei anstrengen müssen?

_____

Haben Sie sich dabei ertappt, nichts zu denken?

_____

Welche Gedanken sind Ihnen durch den Kopf gegangen?

_____

_____

_____

_____

_____

Meine Eindrücke:

_____

_____

_____

_____

Wenn Sie die Übung eine Woche lang gemacht haben, schreiben Sie bitte Ihre Erfahrungen und Ihr Empfinden weiterhin auf. **Dies ist wichtig, um Veränderungen festzuhalten und im Nachhinein zu sehen, dass sich Ihre Reaktionen, Ihr Verhalten sowie Ihr Empfinden gewandelt haben.** Man merkt es selbst kaum, wenn man es nicht vermerkt. Das Niederschreiben ist für manche Menschen schwierig. Erstens sind sie es nicht gewohnt, zweitens finden sie nicht die richtigen Worte und drittens erinnert es sie vielleicht auch ein wenig an Schule. Und wer ist schon gerne in die Schule gegangen? Wohl kaum jemand. Hier schreiben Sie aber kein Diktat und keinen Aufsatz, sondern etwas sehr Intimes nieder. Es dient dazu, sich selbst kennenzulernen. In Wahrheit sind Sie sich fremd – und zwar völlig. Sie haben sich über die Jahre ein Selbstbild zurechtgelegt, dem Sie aber nicht wirklich entsprechen. Sie glauben so oder so zu sein, aber so sind Sie nicht. So wie Sie sich sehen, so denken Sie über sich. Das ist aber nicht das, wie Sie sind. Sie sind ja kein Gedanke! Sie sind auch nicht Ihre Glaubenssätze oder Ihre Vermutungen. Wir alle sind etwas Besonderes, ohne etwas Besonderes tun zu müssen. Tief in uns ist etwas, wofür es sich lohnt innezuhalten. Beginnen Sie am besten jetzt damit, denn jetzt ist immer der richtige Augenblick.

DIE KRAFT DER GEFÜHLE

Nicht nur Gedanken sind Kräfte, auch Gefühle strahlen etwas aus. Gefühle sind genauso wie Gedanken Energien, die Wirkungen erzeugen. Unsere Gefühle kann zwar niemand sehen, aber sie werden im Leben sichtbar. Auch wenn wir uns dessen nicht bewusst sind, so sind sie doch ein Spiegelbild unseres Selbst. Gefühle strahlen etwas aus. Mit Worten kann ich viel erzählen, auch kann ich viel mit ihnen ausdrücken, sie werden aber nicht glaubhaft sein, wenn sie mit den Gefühlen nicht übereinstimmen. Gefühle haben nicht nur Anziehungskraft, sie haben auch eine abstoßende Wirkung. Ob wir uns dessen bewusst sind oder nicht, Gefühle sind viel mehr, als wir denken.

Wenn wir vom Zwischenmenschlichen weggehen und uns auf Erfolg oder Ziele ausrichten, können wir auch hier erkennen, dass unsere Gefühle magnetisch anziehen, was ihnen entspricht. Eigentlich können wir vom Leben alles haben. Und wie soll das gehen? Indem wir fühlen, dass es ist. Nicht wie es ist, sondern dass es ist. Wie ist das zu verstehen?

Versetzen Sie sich in eine Situation. Erzeugen Sie ein Wunschbild einer Sache, nach der Sie sich schon lange sehnen. Das kann eine Geschäftsidee sein, etwas, was Sie sich schon lange anschaffen wollten, oder sich auch auf eine Partnerschaft beziehen. Ganz gleich, was es ist, nehmen Sie Ihren Wunsch bildlich ins Bewusstsein, und laden Sie das Gewünschte mit einem starken Gefühl der Freude und Dankbarkeit auf. Dieses Gefühl sollte nicht nur Wunsch sein, sondern in eine Gewissheit übergehen. Erfüllen Sie das Bild mit der Energie der Gewissheit von Erfüllung. Ihr Gefühl ist wie ein Zauberinstrument, nutzen Sie es. Es ist wirklichkeitsschaffende Energie, die entsprechende Umstände kreieren und ins Leben ziehen kann. Sie sind der Schöpfer. Sie sind der Verursacher und Ihr Gefühl ist Ihr Schöpfungsinstrument.

Unangenehme Lebensumstände sind die Folgen von negativen Gefühlen. Es bleibt nicht aus, dass uns Dinge belasten und wir uns unglücklich fühlen. Das ist menschlich, aber wir sollten dabei nicht vergessen, dieses Gefühl nicht einfach so im Raum stehen zu lassen. Wandeln Sie daher jedes negative Gefühl sofort um, bevor es als unerwünschtes Ereignis in Erscheinung treten kann. Wenn wir tagelang, sogar wochenlang oder über eine noch längere Zeit ungute Gefühle mit uns herumtragen, dürfen wir uns nicht wundern, dass sich auch das Leben nicht von der besten Seite zeigen wird. Doch die negativen Gefühle sitzen tief. Sie holen uns immer und immer wieder ein, hüllen uns in eine dunkle Wolke und lassen uns nicht los. Das glauben wir. In Wirklichkeit ist es so, dass wir die Gefühle nicht loslassen. Natürlich kommen und gehen sie, wie sie wollen. Auch nehmen sie keine Rücksicht auf uns. Doch wenn sie kommen, müssen wir uns nicht den ganzen Tag mit ihnen beschäftigen. Ich muss es immer wieder wiederholen, damit Sie das auch verinnerlichen können. Ich sage nicht immer dasselbe, weil ich Alzheimer habe, sondern weil ich möchte, dass diese Sätze tief in Ihnen nachwirken. Wenn Sie sich nicht wohlfühlen, nehmen Sie es doch an. Dann haben Sie einen Tag, an dem Sie sich einmal nicht wohlfühlen. Ist das wirklich so schlimm? Kämpfen Sie nicht gegen Ihre Gefühle an. Dies bedeutet nicht, sie zu ignorieren, sondern sie so sein zu lassen, wie sie sind. Sie dürfen hier sein, genauso wie gute Gefühle anwesend sein dürfen. Ist es nicht ein gutes Gefühl, wenn Sie Freude überkommt? Wollen Sie Freude loswerden? Mit Bestimmtheit nicht. Also, geben Sie auch diesen sogenannten schlechten Gefühlen die Chance, sich in gute wandeln zu dürfen. Oder aber wandeln Sie sie gleich selbst um, indem Sie sie mit Freude erfüllen. Wie das funktionieren soll? Erinnern Sie sich an eine schöne Zeit in Ihrer Kindheit, einen schönen Urlaub oder an die erste Liebe. Was auch immer es ist, wichtig ist, dass Sie sich mit diesem Bild wohlfühlen. Imaginieren Sie einen Zustand, den Sie sich in allen Farben und allen Details ausmalen. Diese Imagination lenkt Sie ab. Das heißt nicht, dass es Ihnen sofort besser gehen muss, aber es verändert sich etwas.

Wenn Sie Gefühlen keine Aufmerksamkeit geben, gehen sie weg. Warum bleiben sie? Weil Sie sich um sie kümmern. Sie wollen sie loswerden, sie analysieren oder Sie fragen sich, warum Sie diese Gefühle haben und verstärken sie damit. Durch das Weitererzählen erhoffen Sie sich, dass Sie jemand in Ihrem Selbstmitleid bestätigt oder Ihnen genau das sagt, was Sie hören möchten. Doch was bringt es, über unschöne Dinge zu sprechen, wenn sie einen doch so sehr belasten? Macht das Sinn? Es geht nicht darum, die Dinge totzuschweigen, aber wir sollten uns bewusst sein, dass wir das Gefühl mit jedem Gedanken und jedem Wort verstärken. Eigentlich wollen wir ungute Gefühle loswerden – doch was passiert, ist das Gegenteil. Indem wir uns ständig in dieser Energie wälzen, nähren wir diese Kraft, und genau diese Kraft ist es, die uns schwächt. Warum sollten wir uns schwächen? Warum schwächen wir uns selbst? Macht es nicht mehr Sinn, sich zu stärken? Die Stärke lebt in uns. Unsere Kraft ist so stark, dass wir sie uns nicht einmal vorstellen können. Diese Kraft liegt Gefühlen und Gedanken zugrunde. Es ist die Basis von allem, was ist. Um diese Kraft müssen wir uns nicht kümmern, wir sollten Gefühle und Gedanken loslassen. Mehr nicht.

Wenn Sie möchten, dann rufen Sie noch jetzt Ihren Wunschtraum bewusst als Ihre Realität in Erscheinung. Dies geschieht, indem Sie sich mit dem Gefühl verbinden, dass es bereits geschehen ist. Leben Sie in der Erfüllungsenergie. Zelebrieren Sie die Erfüllungskraft. Halten Sie dieses Gefühl der Erfüllung aufrecht – und zwar so lange, bis das Gewünschte als Ihre erlebte Realität in Erscheinung getreten ist. Wichtig ist, dass Sie es wirklich fühlen und es sich nicht nur vorstellen. Ich kann mir nicht vorstellen, wie sich etwas anfühlt, sondern ich muss es direkt fühlen. Wenn Sie glücklich sind, werden Sie beglückende Umstände erschaffen. Jeder der über wenig finanzielle Mittel verfügt und sich arm fühlt, schafft damit noch mehr Armut. Er verstärkt seine Armut, indem er sich gar nichts mehr zutraut und die Möglichkeit abwehrt, dass sich der Spieß umdrehen kann. Wenn ich nichts habe, muss ich mir nicht einreden, dass ich reich bin, aber ich kann mich in einem reichen Zustand wiederfinden. Ich kann diesen erleben und erfüllen und mir bis ins Detail ausmalen. Wer krank ist, weiß, dass er sich – wenn er über seine Krankheit spricht – noch schlechter fühlt. Auch hier gilt: Denken Sie positiv! Nutzen Sie Ihre innerste Kraft und vertrauen Sie auf Genesung. Genesung ist Ihr eigenes Wesen. Sie sind Gesundheit. Der Körper mag ab und an schwächeln, sich unwohl fühlen oder krank sein. Das geht vorüber. Verzweifeln Sie in diesen Momenten nicht, sondern vertrauen Sie auf das, was das Leben mit Ihnen vorhat. **Es ist gut zu wissen, dass wir nichts wissen, denn wenn wir wüssten, was wir nicht wissen, würden wir auch nicht glücklich sein.** Richten Sie Ihre Aufmerksamkeit auf den Moment, indem Sie Ihren Wunsch bereits innerlich verwirklicht haben. Vergessen Sie nicht die Freude und die Dankbarkeit, die ich bereits erwähnt habe. Dankbar kann man nämlich nur für etwas sein, was man schon hat und nicht für etwas, was man nicht hat. Deshalb ist es wichtig, in jedem Augenblick dankbar zu sein.

Es mag Menschen geben, die sich nichts mehr wünschen. Sie sagen, dass sie mit dem zufrieden sind, was sie haben, und nicht mit dem unzufrieden sein müssen, was sie nicht haben. Das sind weise Seelen. Doch auf dem Weg zu uns selbst ist es wichtig, irgendwo anzufangen. Die ersten Schritte gehen über die Wunscherfüllung und die Imagination. Sie führen uns in die Erfüllung, wenn wir schlussendlich auch die Wünsche losgelassen haben. Auch unerwünschte Lebensumstände oder unerreichte Ziele können negative Gefühle entwickeln. Es ist schon eigenartig, was Gedanken alles auslösen können. Stellen Sie sich vor, Sie haben morgen einen großen Lottogewinn. Alleine wenn Sie daran denken, wird Sie das fröhlich stimmen. Wenn Sie sich aber vorstellen, dass Sie nächste Woche pleite sind, könnte Sie das ganz schön in Bedrängnis bringen. Sie sehen, dass allein der Gedanke über Ihre Gefühle bestimmt. Deswegen sollten Sie Ihre Gedanken zähmen und sie nicht frei herumlaufen lassen. Sie müssen nicht jeden Unsinn weiterspinnen und jeden Impuls zu Tode denken. Also vergessen Sie nicht, dass Ihr Gefühl all das, was ihm entspricht, nahezu magisch anzieht und ständig die dementsprechenden Umstände erschafft. Entwickeln Sie deswegen neue Gewohnheiten. Achten Sie darauf, wie Sie mit Gefühlen umgehen und dass Sie sie nicht im Raum stehen lassen. Durch die Macht der Wiederholung verankern Sie Ihre Wunschrealität, die sich dann auch manifestieren muss. Werden Sie also zu einem Magneten, der die natürliche Fülle des Lebens anzieht, so dass sie ständig von selbst zu ihm fließt.

Vergessen Sie bitte nicht, sich mit jedem Wunsch zu identifizieren. Wünschen alleine reicht nicht aus. Sie müssen mit Ihrem Wunsch im Einklang sein und sich bei einem Wunsch vom Wohlstand mit dem Wohlhabenden identifizieren können. Hinzu kommt, wenn Sie sich »mehr« Geld wünschen, weiß das Leben nicht, was es Ihnen liefern soll.

Was ist unter »mehr« zu verstehen?

Außerdem würde das bedeuten, dass Sie wenig haben. Warum? Wenn Sie sich mehr wünschen, besagt das ja, dass Sie zu wenig haben. Und damit sind Sie im Mangelbewusstsein. Und Mangelbewusstsein kann keine Fülle erzeugen. Sie sehen, es gibt ganz viele kontraproduktive Energien, derer wir uns gar nicht bewusst sind.

So geht es vorerst darum, sich selbst kennenzulernen. Und dafür sollten Sie sich um folgende Fragen kümmern.

Wer bin ich?

_____

_____

_____

_____

_____

_____

Wie sehe ich mich?

_____

_____

_____

_____

_____

_____

Stimmt mein Selbstbild mit der Realität überein?

_____

_____

_____

_____

_____

_____

Sehen mich andere auch so?

_____

_____

_____

_____

_____

Und wie kann ich wissen, wie andere mich sehen? Ist das nicht auch nur ein Gedanke, eine Vorstellung?

_____

_____

Es gibt viel zu entdecken. Es reicht nicht aus, Wünschen hinterherzulaufen, wenn wir noch nicht mal herausgefunden haben, was wir wirklich sind. Wir haben keine Ahnung, was Gedanken sind, kennen unsere Gefühle nicht, geschweige denn uns selbst. Wir haben zwar Glaubenssätze und Vorstellungen, was es mit Gedanken und Gefühlen auf sich hat, aber reicht das wirklich aus?

Kümmern wir uns ein bisschen weniger um Äußerlichkeiten und entdecken wir die Innenwelt. Dort gibt es so viel zu sehen, und auch Ihr Herz sehnt sich danach. Es gibt keinen anderen Grund, warum Sie hier sind. Glauben Sie, dass das Leben dazu gemacht ist, in die Schule zu gehen, zu arbeiten, eine Familie zu gründen und zu sterben? Ich glaube, dass es mehr gibt als das, und ich bin mir ziemlich sicher, dass es im Leben um etwas ganz anderes geht. Sie sind ein Magnet. Vielleicht glauben Sie, dass Sie nur Dinge anziehen, die Ihnen Kummer und Sorgen bescheren. Das mag sein, aber der Magnet selbst ist die Freude. Es gibt einen weiteren Magneten und der heißt Dankbarkeit.

Auch an dieser Stelle möchte ich noch einmal wiederholen, dass es nicht darum geht, Leid zu eliminieren und aus dem Leben zu verbannen, sondern einen Weg zu finden, wie wir dem gelassen begegnen. Den Problemen des Alltags friedvoll zu begegnen, ohne in Panik zu geraten oder Widerstand zu leisten, wird eine Lebensqualität entwickeln, von der Sie bisher kaum zu träumen wagten. Leben Sie Ihren Traum, denn Ihr Leben ist ein Traum. Erwachen ist etwas, was auf jeden wartet. Haben Sie Zeit?

DIE ANZIEHUNGSKRAFT
DER EHRLICHKEIT

Im alten China sollte ein Prinz aus der Region von Thing-Zda zum Kaiser gekrönt werden. Zuvor musste er allerdings heiraten, weil das Gesetz es so vorschrieb. Da es darum ging, die zukünftige Kaiserin auszuwählen, musste der Prinz ein Mädchen finden, dem er blind vertrauen konnte. Auf den Rat eines Weisen hin beschloss er, alle jungen Frauen der Gegend zusammenzurufen.

Eine alte Frau, die seit vielen Jahren im Palast diente, hörte von den Vorbereitungen zu dieser Audienz und war von großer Traurigkeit erfüllt. Ihre Tochter liebte den Prinzen und niemand wusste davon. Zuhause angekommen, berichtete sie ihr davon und war erstaunt, als ihr die Tochter sagte, dass sie auch dort hingehen würde. »Meine Tochter, was willst du dort? Nur die schönsten und reichsten Damen des Hofes werden anwesend sein. Schlag dir diesen Gedanken aus dem Kopf! Ich weiß, wie sehr du leidest, aber lass dich davon nicht verrückt machen.« Aber die Tochter antwortete: »Liebe Mutter, ich leide überhaupt nicht und wahnsinnig werde ich noch viel weniger. Ich weiß, dass die Wahl niemals auf mich fallen wird, aber so kann ich zumindest ein paar Augenblicke dem Prinzen nahe sein. Allein das macht mich glücklich.« Am Abend, als die junge Frau in den

Palast kam, waren tatsächlich die schönsten Mädchen mit ihren kostbarsten Juwelen versammelt – bereit, für die Chance zu kämpfen, die sich ihnen bot. Von seinem Hofstaat umringt, verkündete der Prinz: »Ich werde jeder von euch einen Samen geben. Diejenige, die mir in sechs Monaten die schönste Blume bringt, wird die zukünftige Kaiserin Chinas sein.«

Die junge Frau nahm ihren Samen und pflanzte ihn in einen Topf. Sie verstand nicht viel von der Kunst der Gärtnerei, doch ihr Tun war voller Geduld und Zärtlichkeit. Voller Hingabe kümmerte sie sich um den Schatz und ließ ihn keine Sekunde aus den Augen. Ihre Hingabe versicherte ihr, dass sie sich um das Ergebnis keine Sorgen machen musste, denn die Schönheit der Blume würde der Größe und Tiefe ihrer Liebe entsprechen.

Drei Monate vergingen und es keimte nichts. Die junge Frau versuchte alles, sprach mit den Gärtnern und den Bauern, die ihr die unterschiedlichsten Formen der Aufzucht beibrachten. Nichts führte zu einem Erfolg. Ihre Liebe war indes lebendig wie eh und je. Schließlich waren sechs Monate vergangen, doch nichts war in ihrem Blumentopf gewachsen. Obwohl sie nichts vorzuweisen hatte, war ihr bewusst, wie groß ihre Bemühungen in der ganzen Zeit gewesen waren. So teilte sie ihrer Mutter mit, sie werde sich dennoch in den Palast begeben. Sie wusste, dass dies die letzte Möglichkeit war, ihrem Liebsten zu begegnen. Dies wollte sie sich um nichts in der Welt entgehen lassen. Am Tag der Audienz erschien die junge Frau mit ihrem Blumentopf ohne Pflanze. Sie sah, dass die anderen, im Gegensatz zu ihr, großartige Ergebnisse erzielt hatten. Jeder hatte eine Blume und eine war schöner als die andere. Dann nahte der entscheidende Augenblick. Der Prinz kam und betrachtete jede Bewerberin eingehend. Nachdem er an allen vorbeigegangen war, verkündete er das Ergebnis. Er zeigte auf die Tochter der Dienerin. Sie sollte seine zukünftige

Frau werden. Die Anwesenden waren erbost und fragten ganz entrüstet, weshalb er denn ausgerechnet sie erwählt hatte. Sie war doch die Tochter einer Angestellten! Außerdem war es ihr nicht einmal gelungen, eine Pflanze zu ziehen. Da erklärte sich der Prinz: »Meine Wahl ist richtig! Diese junge Frau war die Einzige, die eine Blume gezogen hat, die sie würdig macht, Kaiserin zu sein.« Alle sahen sich an und verstanden kein Wort. »Die Blume der Ehrlichkeit«, fuhr der Prinz fort. »Alle Samen, die ich verteilt habe, waren unfruchtbar und keiner konnte eine Blume hervorbringen.«

Ehrlichkeit verfügt über eine große Anziehungskraft. Es ist eine magnetische Kraft. Es ist eine Kraft, die wir wieder in uns erwecken sollten. Wer nicht ehrlich ist, den wird das Leben belügen. Ehrlichkeit zu sich selbst, Ehrlichkeit anderen gegenüber und Ehrlichkeit gegenüber dem Leben ist eine wichtige Tugend. Manches Mal kommen wir in Situationen, in denen es fast unmöglich ist, keine kleine Lüge auszusprechen. Da wird die Notlüge zur Tugend und das Geflunker zur Kür. Wir denken, dass es so und so keiner merkt. Doch Gott sieht alles. Es gibt nichts, was wir verheimlichen können. Deswegen: Seien wir ehrlich mit uns selbst und begegnen wir jedem Lebewesen mit Aufrichtigkeit, so wird auch das Leben uns gegenüber aufrichtig sein.

Wann bin ich das letzte Mal unaufrichtig gewesen?

Was hat mich zu dieser Handlung bewegt?

Wie habe ich mich danach gefühlt?

_____

_____

_____

_____

_____

_____

War es in Ordnung?
Aus meiner Sicht:

_____

_____

_____

_____

_____

_____

Aus der Sicht der Beteiligten:

_____

_____

Hatte es sichtbare Folgen? Wenn ja, welche? (Oder sind sie noch ausgeblieben? Was könnte ich hier noch erwarten?)

Bin ich mir bewusst, dass ich mit meinem Verhalten eine Ursache gesetzt habe, deren Wirkung mich ereilen wird?

Wie würde bzw. könnte ich es das nächste Mal machen?

Habe ich die Berechtigung, zornig oder traurig zu sein, wenn das Leben nicht so verläuft, wie ich es mir wünsche, wo ich doch selbst der Verursacher meines Lebens bin?

_____

_____

_____

_____

_____

_____

Welche Hilfestellungen kann ich mir geben, um mich das nächste Mal besser bzw. anders zu verhalten?

_____

_____

_____

_____

_____

_____

_____

_____

DAS SPIEGELBILD IHRES SEINS

Können wir unser Schicksal bestimmen? Ist Zukunft planbar? Ist das ganze Leben nur Zufall, oder bestimmen wir es tatsächlich selbst? Alles, was Sie erleben, ist ein Spiegelbild Ihres Seins. Man könnte sagen, das Leben ist ein Fingerabdruck der Seele. Das Leben ist ein Ausdruck von Gesinnung, Gedanken und Gefühlen. Das haben wir uns bereits gemeinsam angesehen. Doch auch Worte, die wir aussprechen, haben eine Wirkung. Alles setzt Ursachen, deren Wirkungen wir unweigerlich ausgesetzt sind. Ob wir wollen oder nicht, was wir gesät haben, werden wir ernten. Was wir als Realität erleben oder als Realität verstehen, ist das wirklich Realität? Ist es nicht eher eine individuelle Erfahrung, die wir als unsere Realität bezeichnen? Wie wirklich kann Wirklichkeit sein?

Wenn alles einer inneren Entsprechung folgt, kann sich das Leben ja eigentlich nur uns anpassen. Wenn sich das Leben nach uns orientiert, ist das Leben sozusagen eine Wirkung und wir sind die Ursachensetzer. Wir sind zwar verantwortlich für das, was wir verursachen, doch inwieweit können wir Einfluss auf das nehmen, was wir tun. Sie kennen es selbst sicher gut, dass Dinge geschahen, ohne dass Sie es wollten. Dass alles seine eigenen Wege geht, egal ob wir damit einverstanden sind oder nicht. Oft klappt etwas und wir wundern uns. Oft klappt etwas nicht, und wir können es nicht nachvollziehen. Warum ist das so? Hat es jemals einen freien Willen gegeben? Natürlich können wir Entscheidungen treffen. Ein jeder Mensch trifft tagtäglich unzählige Entscheidungen, aber was die Folge dieser Entscheidungen ist, kann er nicht wissen. Wenn der freie Wille wirklich so frei wäre, dann frage ich mich, wie das Menschen sehen, die einen schweren Unfall hatten, in einem Kriegsgebiet leben oder auf der Straße wohnen. Sie haben sich das sicher nicht bewusst ausgesucht.

Auch wenn Sie es unbewusst selbst verursacht haben, gewünscht haben Sie sich diese Situation bestimmt nicht. Wie hilfreich ist dann der freie Wille? Was bringt es mir, einen freien Willen zu haben, wenn der gar nicht so frei ist, wie ich glaube? Ich kann vieles wollen, aber lenken kann ich es nur bedingt. Natürlich kann ich Wünsche, Absichten und Ziele verfolgen, doch ob sie sich schlussendlich erfüllen, scheint doch in den Händen einer höheren Macht zu liegen. Diese höhere Macht ist die Quelle. Diese Quelle ist Licht. Licht ist das, was uns verursacht, es ist das, was uns Leben ermöglicht.

Dieses Licht ist aber nichts Fremdes, auch wenn wir das glauben. Es hat etwas mit uns selbst zu tun. Wir sind dieses Licht und wir sind dieser Körper. Ist diese Aussage richtig? Eigentlich müssten wir sagen: Ich bin dieses Licht und ich erscheine als dieser Körper. Diese Aussage wäre korrekt. Der Körper ist der Veränderung unterworfen, das Licht nicht. Auch wenn jeder Mensch tief in sich diese Lichtkraft ist, so ist er ein bestimmtes Energiefeld und strahlt es als Mensch aus. Dieses Energiefeld verfügt über eine gewisse Schwingung. Alles schwingt. Ihre Schwingung ist wie ein Magnet, der das anzieht, was ihm entspricht und das abstößt, was ihm nicht entspricht. Wir sollten uns dessen bewusst werden. Warum? Weil wir dieses Wissen für uns nutzen können. Wenn ich weiß, dass ich das anziehe, was ich verursache, könnte ich mir Gedanken darüber machen, wie ich gezielt eine Ursachensetzung bewerkstelligen kann. Wenn ich weiß, dass ein schlechter Gedanke in irgendeiner Form zu mir zurückkehren wird, was sich vielleicht nicht ganz so angenehm zeigen wird, ist es an der Zeit, etwas zu tun. Gezielt Gedanken zu setzen, unangenehme Gefühle mit Liebe zu erfüllen, hässliche Worte nicht hinauszuschicken, sondern unausgesprochen zu lassen und vieles mehr, so kann ich dieses Wissen nun gezielt anwenden. Wir wissen viel. Doch was nutzt uns das? Es geht darum, das Wissen umzusetzen und in Erlebtes zu wandeln.

Das, was im Außen auf uns einwirkt, verfügt genauso über eine Schwingung wie wir. Alles, was unsere Schwingung verändert, verändert auch unsere Zukunft. Das gilt nicht nur für Ärger, Stress, Sorgen oder Kummer, auch Freude und Fröhlichkeit sind Samen, die irgendwann zu einer Pflanze heranreifen werden. Es kommt der Tag und wir müssen die Pflanze pflücken, das heißt, wir müssen eine Erfahrung machen, die notwendig ist. Ganz gleich, ob sie uns gefällt oder nicht gefällt, die Erfahrung bleibt nicht aus. Machen Sie sich doch einmal bewusst, was Sie mit Ihrer momentanen Gesinnung, Einstellung und Wesensart in Ihr Leben ziehen könnten. Was haben Sie die letzte Zeit gedacht? Worüber haben Sie nachgedacht? Wie waren Ihre Gedanken? Schreiben Sie bitte auf, was Sie sich vom Leben wünschen. Und danach schreiben Sie nieder, womit Sie aufgrund Ihrer Ursachensetzung, Ihres Verhaltens eigentlich eher rechnen können.

Was wünsche ich mir?

Was könnte mir widerfahren?

Vergessen Sie nie, dass Sie wirklich ein Magnet sind. Ihre Anziehungskräfte sollten Sie nicht ungenutzt lassen. Strahlen Sie das in die Welt hinaus, was Sie sich vom Leben erwarten. Und behalten Sie für sich, was Sie in seiner Wirkung lieber nicht erfahren würden.

UND WORAN GLAUBEN SIE?

Die Ausstrahlung eines jeden Menschen ist unsichtbar, jedoch unweigerlich vorhanden. Die Magnetkraft, die von uns ausgeht und mit der wir Dinge in unser Leben ziehen, ist bei jedem Menschen individuell. Das hängt ab von der Gesinnung, der Einstellung, der Auffassungsgabe, den Gewohnheiten und den Prägungen, die wir schon bei der Geburt mitbringen. Auf Gedanken und Gefühle sind wir ja bereits näher eingegangen. Aber nicht nur Worte, Gedanken und Gefühle strahlen etwas aus und beeinflussen somit unser Leben. Was unser Leben noch beeinflusst und nicht unterschätzt werden sollte, ist der Glaube. Haben Sie sich schon einmal gefragt, an was Sie glauben? Wie sind Ihre Überzeugungen? Haben Sie einen Anker, den Sie in schwierigen Zeiten auswerfen können, um im Lebensstrudel nicht unterzugehen? Glaube ist grundsätzlich etwas sehr Wichtiges. Ganz gleich, woran Sie glauben, der Inhalt prägt Ihr Leben. Nun spielt es keine Rolle, ob Sie römisch-katholisch oder evangelisch sind, da ich von einem anderen Glauben spreche.

Es geht hier nicht um religiöse Glaubensbekenntnisse, sondern um den Glauben an sich. Glauben können wir viel, wissen tun wir nichts. Wissen tun wir nur das, was wir über die Jahre hinweg gelernt und erfahren haben. Aber auch hier kann man sagen: Jede

Erfahrung ist einzigartig. Nur weil ich in einer bestimmten Situation eine bestimmte Erfahrung gemacht habe, bedeutet dies nicht, dass es immer so sein muss. Zum Beispiel glauben wir, dass uns die Hitze nicht guttut, weil wir einmal einen Sonnenbrand bekommen haben. Vielleicht nehmen wir sogar an, dass wir die Sonne nicht vertragen. Doch das kann man pauschal nicht sagen. Es können viele Faktoren zusammengespielt haben, damit es zu diesem Sonnenbrand gekommen ist. Ein Leben lang daran zu glauben, dass uns die Sonne nicht guttut, wäre ein fataler Irrtum. Dies ist nur ein kleines Beispiel. Was wir glauben, glauben wir vielleicht auch zu wissen. Doch der Glaube lässt sich nicht wissen, es ist ein intuitives Erfassen der Herzenskraft. Innerlich wissen wir ganz genau, was wir glauben oder auch nicht glauben können. Der Verstand leitet uns hier oft in die Irre. Er verunsichert uns, weil er vieles infrage stellt. Doch auch wenn unser Glaube nicht gefestigt erscheint, im Herzen ist er verankert.

Optimieren Sie bewusst Ihre Überzeugungen, da Ihre Überzeugung Realität erschafft. Der Glaube bestimmt Ihre Erfahrung. Ist Ihnen das bewusst? Denken Sie einmal an verschiedene Situationen, die Sie bereits erlebt haben. Schauen Sie einmal genauer hin und fragen Sie sich, woran Sie geglaubt haben. Hatte Ihr Glaube einen Einfluss auf das Ergebnis? Kann sich der Glaube auf das Ergebnis auswirken? Wussten Sie vorher schon, dass es so oder so kommen wird? Vielleicht ist es nur deshalb so gekommen, weil Sie daran geglaubt haben. Sie haben ja zuvor schon daran gedacht, und da Gedanken wirklichkeitsschaffende Energien sind, wird unweigerlich das eintreffen, was Sie zuvor gedacht oder geglaubt haben. Man sollte nicht unterschätzen, über welche Kräfte man verfügt. Man sollte diese achtsam anwenden, und vor allem sollte man sich ihrer vorerst bewusst werden. Und was lässt Ihr Glaube zu? Gesundheit, Erfolg, Erfüllung, Geld, Zufriedenheit oder Partnerschaft, was erlaubt

Ihnen Ihr Glaube? Vielleicht glauben Sie, dass Sie ohnehin nie gesund sein werden. Vielleicht denken Sie, dass Erfolg eher zu den anderen gehört? Vielleicht vermuten Sie, dass Sie niemals mehr Geld haben werden oder dass Erfüllung nichts weiter ist als ein schöner Traum. Es ist ganz gleich, ob Sie daran glauben, ob Sie etwas erreichen oder auch nicht erreichen können, Sie werden in beiden Fällen Recht behalten.

Das Leben folgt Ihren Anweisungen. Es folgt aber nicht einem Diktat, sondern unsichtbaren Befehlen. Diese unsichtbaren Befehle sind Gedanken, Gefühle, Worte, Handlungen und der Glaube. Ich möchte es hier immer wieder wiederholen, weil der Mensch das scheinbar alles weiß, aber sich nicht dem Wissen entsprechend verhält. Man kann es eben nicht oft genug hören, bis es richtig eingesickert ist. Wenn ich weiß, dass ich überfallen werde, wenn ich das Haus verlasse, werde ich das Haus sicher nicht verlassen. Wir alle wissen, dass all das eben Aufgezählte unser Leben unwillkürlich beeinflusst, aber warum ändern wir nichts? Warum verändern wir nicht unsere Gewohnheiten, unsere Gedanken und Worte? Warum sind wir nicht achtsamer? Wenn eine jede Ursache wehtun würde, würden wir die ganze Zeit schreien. Bei der Wirkung schreien wir auch laut auf und beklagen uns, dass es das Leben nicht gut mit uns meint, doch wir selbst meinen es nicht gut mit uns, weil wir nichts für uns tun und weil wir nichts dazu beitragen, das Leben in eine andere Richtung zu lenken. Positives Denken alleine reicht nicht aus, um der Wahrheit zu begegnen. Wir müssen sie in uns entdecken, und dieser Pfad führt unweigerlich über die Achtsamkeit. Nehmen wir also selbstverantwortlich am Leben teil und lassen wir es nicht einfach an uns vorüberziehen.

Viele Glaubenssätze, die wir seit vielen Jahren mit uns herumtragen, sind längst überholt. Sie gehören überhaupt nicht mehr zu uns, wir bedienen uns zwar dieser Vorstellungen, aber sie haben nichts mehr mit uns zu tun. Wir glauben, dass sie zu uns gehören, weil wir uns daran erinnern, wie wir uns ihrer bedient haben. Aber wir sind nicht die Gleichen geblieben. Auch wenn wir äußerlich gleich aussehen mögen, so sind wir nicht stehen geblieben. Wir haben uns weiterentwickelt, wir sind wacher und intuitiver geworden und das ist ein Grund mehr, diese alten Glaubenssätze auf ihre Gültigkeit hin zu überprüfen. Man könnte sagen, viele von ihnen schaden uns nur noch. Es sind unsichtbare Überzeugungen, die Wirkungen setzen, die wir später als Probleme erachten.

Nun ist es so, dass wir überhaupt erst einmal erkennen müssen, dass wir Glaubenssätze haben. Wir reden so vor uns hin und bemerken überhaupt gar nicht, in welchen Programmen wir uns ständig wiederholen. Immer dieselbe Leier. Immer dieselben Worte. Immer dieselben Gedanken. Immer derselbe Käse. Kein Wunder, dass wir auch im Leben immer denselben Dingen begegnen. Der Glaube ist zum Hindernis geworden und er steht uns im Weg. Er hält uns davon ab weiterzugehen. Stattdessen sehen wir immer zurück oder nach vorne, anstatt einfach hier und jetzt nach unten zu sehen. Nach unten zu sehen bedeutet, den Augenblick wahrzunehmen und aus ihm einen Glauben zu kreieren, der uns kräftigt und stärkt. Den Glauben an uns selbst. Den Glauben an eine größere Macht in uns, als sie der Verstand erfassen kann. Diesem Glauben zu vertrauen bedeutet Wandel. Nicht äußere Tätigkeiten wandeln das Leben, sondern der innere Glaube. Natürlich bedarf es hier und dort einiger Handlungen, die wir auch ausführen werden, aber ihnen liegt der Glaube zugrunde, erst wenn wir nach unserem Glauben handeln und ihm folgen, werden wir Früchte ernten. Und die Früchte werden sich in Dankbarkeit wandeln, wobei genau diese Dankbarkeit neue Früchte tragen wird.

Es ist die Geduld, in der wir uns üben sollten. Geduld ist nicht nur eine Tugend, sondern die Geduld ist auch eine Wegstrecke, um dorthin zu gelangen, wonach wir uns sehnen. Wir müssen nicht wissen, was das Ziel ist, es reicht aus, zu vertrauen und zu glauben, dass wir in der Lage sind, uns zu befreien. Dass wir es schaffen können, auszubrechen aus all dem Leid, das uns der Verstand beschert und dessen Ursache wir immer nur selbst sein können.

In der Bibel lesen wir den Absatz (Markus 11/24): »Bittet, um was ihr wollt, glaubt nur, dass ihr erhalten habt und es wird euch gegeben werden.« In diesem Satz wohnt das Vertrauen. Wer nicht absolut auf sich selbst vertraut und demnach auch auf das Leben, dem wird das Leben Geschenke verwehren. Wie ist das zu verstehen? Das Leben kann Ihnen seine Geschenke nicht anvertrauen, wenn Sie ihm nicht vertrauen. Wenn Sie sich selbst nicht vertrauen, bleibt alles beim Alten. Möchten Sie das? Ein jeder Mensch sehnt sich nach Veränderung, doch nur, wenn alles gleich bleiben kann und wenn er nichts dafür tun muss. So funktioniert das natürlich nicht. Wenn Sie also an Erfüllung glauben und dies nicht mit Ihren Glaubenssätzen übereinstimmt, ist das kontraproduktiv. Ich kann nicht glauben, wenn ich gleichzeitig zweifle. Wenn Sie davon überzeugt sind, dass es nie so kommen wird, wie der Mensch es gerne hätte, wird der Glaube an einen neuen Job oder an eine neue Partnerschaft auch nichts nützen. Wenn eine negative Energie auf eine positive Energie trifft, passiert nichts. Deshalb ist es wichtig, dass Sie sich hier und jetzt Ihrer Glaubenssätze bewusst werden. Schreiben Sie bitte auf, welche Glaubenssätze Ihnen bewusst sind. Vielleicht sind Sie einer von vielen, der überhaupt nicht weiß, dass er Glaubenssätze in sich trägt.

Deswegen möchte ich Ihnen hier ein paar Beispiele aufführen:

- *Mit dem Alter kommen die Krankheiten.*
- *Ich werde nie reich sein.*
- *Es kommt immer alles anders, als ich es haben will.*
- *Das Leben meint es nicht gut mit mir.*
- *Wenn ich auf kaltem Stein barfuß laufe, bekomme ich eine Blasenentzündung.*
- *Wenn ich aus einem Glas trinke, aus dem schon jemand getrunken hat, bekomme ich eine Fieberblase.*
- *Ich bin krank, weil ich mich bei meiner Familie angesteckt habe.*
- *Ich habe Magenschmerzen, weil ich mich wieder geärgert habe.*
- *Meine Kinder machen mich krank.*
- *Wenn ich das höre, bekomme ich einen dicken Hals.*
- *Mein Chef gibt mir ohnehin keine Lohnerhöhung.*
- *Wenn ich im Finstern spazieren gehe, könnte mir etwas passieren.*
- *Ich bin nicht hübsch genug, um einen Partner zu finden.*
- *Ich kann ohnehin keine Kinder kriegen.*
- *Einen Urlaub kann ich mir nicht leisten.*
- *Ich muss lange schlafen, damit ich ausgeschlafen bin.*

Wir könnten diese Glaubenssätze bis ins Unendliche fortsetzen. Wichtig ist mir, dass Sie mit diesen Sätzen erkennen, dass Sie Glaubenssätze haben. Und Sie werden jede Menge weitere entdecken können, wenn Sie den Mut haben und hinschauen.

Bitte nehmen Sie sich jetzt die Zeit und schreiben Sie all Ihre Glaubenssätze auf, die Sie mit sich herumtragen.

Sehen Sie sich Ihre Glaubenssätze von Zeit zu Zeit an, um zu überprüfen, ob sich hier etwas verändert hat. Sie können Ihre Glaubenssätze auch »umglauben«, das heißt, dass Sie sie ohne Zweifel denken bzw. aussprechen.

Ich kann ohnehin keine Kinder kriegen.

Ich kann Kinder bekommen.
Sagen Sie nicht »Ich werde Kinder bekommen«. Dies ist eine Möglichkeitsform, die in der Zukunft liegt. Drücken Sie es nicht so aus, dass es einmal so sein wird, sondern dass es bereits so ist – und zwar definitiv.

Einen Urlaub kann ich mir nicht leisten.

Ich fahre in den Urlaub.
Auch hier gilt nicht »Ich werde in den Urlaub fahren«, sondern »Ich fahre in den Urlaub!« Oder »Ich freue mich auf den Urlaub.« Formulieren Sie es so um, als stünde es bereits fest. Ja, so wird es sein. Es geht nicht darum, ob es dann eintrifft oder nicht. Es geht um Ihre Klarheit und um Ihre Überzeugungskraft. Auch wenn dem nicht so sein sollte, üben Sie sich darin, klar auszusprechen, was Sie wollen. Weichen Sie keinen Millimeter von Ihrer Überzeugung ab. Vertrauen Sie auf Ihre Kraft. Vertrauen Sie dem Leben.

Ich muss lange schlafen, damit ich ausgeschlafen bin.

Ich bin ausgeschlafen.
Auch wenn Sie dieser Satz nicht gleich ausgeschlafen sein lässt, verzagen Sie nicht. Sagen Sie es immer wieder. Sagen Sie es so oft, bis Sie es glauben. Es geht nicht darum, sich etwas einzureden, sondern sich seiner inneren Überzeugung gewiss zu sein.

WAS KANN ICH TUN?

Sie können das tagtäglich anwenden. Immer wieder, wenn Sie sich dabei ertappen, dass Sie in eine Glaubensfalle getappt sind, glauben Sie das bisher Geglaubte einfach um. Das geht ganz leicht. Denken Sie stets daran, sich selbst zu überwachen. Sehen Sie das mit einem leichten Augenzwinkern und seien Sie auf der Hut. Auf der Hut vor Glaubenssätzen. Es geht darum, achtsamer zu sein. Versuchen Sie, hier eine Routine zu entwickeln, denn Wachsamkeit ist das A und O, um sich weiterzuentwickeln. Nur wer sich selbst beobachtet und sich selbst wirklich kennenlernt, kann seine Schwächen in Stärken umwandeln. Auch Ihnen kann es gelingen. Was ich kann, können Sie auch.

Greifen Sie an dieser Stelle bitte zum Stift und wählen Sie neun Glaubenssätze aus denen, die Sie zuvor aufgeschrieben haben. Nun brauchen Sie diese nur noch umzubenennen.

Glaubenssatz:

_____

_____

Meine Umformulierung, die ich zu meiner Überzeugung mache, lautet:

_____

Glaubenssatz:

_____

_____

Meine Umformulierung, die ich zu meiner Überzeugung mache, lautet:

_____

_____

Glaubenssatz:

_____

_____

Meine Umformulierung, die ich zu meiner Überzeugung mache, lautet:

_____

_____

_____

_____

Glaubenssatz:

_____

_____

Meine Umformulierung, die ich zu meiner Überzeugung mache, lautet:

_____

_____

_____

Glaubenssatz:

_____

_____

Meine Umformulierung, die ich zu meiner Überzeugung mache, lautet:

_____

_____

_____

Glaubenssatz:

_____

_____

Meine Umformulierung, die ich zu meiner Überzeugung mache, lautet:

_____

_____

_____

Glaubenssatz:

_____

_____

Meine Umformulierung, die ich zu meiner Überzeugung mache, lautet:

_____

_____

_____

Glaubenssatz:

_____

_____

Meine Umformulierung, die ich zu meiner Überzeugung mache, lautet:

_____

_____

Glaubenssatz:

_____

_____

Meine Umformulierung, die ich zu meiner Überzeugung mache, lautet:

_____

_____

_____

_____

ZUSAMMENGEFASST

Was auch immer Ihnen in Ihrem Leben widerfährt, haben Sie zuvor ausgesandt. Dies bedeutet, dass Sie all das, was Sie erleben, magnetisch anziehen. Diese Anziehungskräfte entsprechen dem Resonanzprinzip, dem alle Lebewesen unterliegen. Nichts geschieht umsonst. Alles folgt einer Ursache. Die Ursache sind Sie selbst. Wenn wir uns dessen bewusst sind, macht es doch Sinn, diese Kräfte bewusst einzusetzen und zu nutzen. Oder nicht?

Es ist schon eigenartig, dass sich der Mensch durchaus bewusst ist, dass seine Gedanken Kräfte sind und etwas bewirken. Dennoch handelt er nicht danach, sonst würde er vieles nicht denken. Vor allem würde er gewissen Überlegungen keine Energie mehr schenken. Was nutzt uns all das Wissen, wenn wir immer im selben Fahrwasser herumpaddeln, anstatt uns treiben zu lassen und mit dem Fluss des Lebens zu fließen? Wann wollen Sie damit beginnen, endlich Ihr Leben in die Hand zu nehmen und eine Richtung zu geben, die nicht nur befriedigend ist, sondern auch zufrieden und glücklich macht? Nehmen Sie sich den Inhalt dieses Buches zu Herzen. Lesen Sie es immer wieder. Dabei entdecken Sie, dass Sie immer tiefer zu sich vordringen und dem Geheimnis des Menschseins auf die Schliche kommen. Eigentlich ist es gar kein Geheimnis, sondern ein Wissen, dass jeder in sich selbst wiederfinden kann. Dafür muss er innehalten und sich die Zeit nehmen, sich mit sich selbst zu beschäftigen.

Wer sich im Außen verliert, wird die inneren Schätze nicht finden. Dies bedeutet jedoch nicht, das Leben im Außen links liegen zu lassen, sondern sich Erholungsoasen und Ruhemomente zu gönnen, um daraus Kraft zu schöpfen. Die Natur ist ein wunderbares Mittel, das uns dabei unterstützt, uns selbst zu verstehen. Denn nur wer die Natur versteht und sich in ihr geborgen fühlt, wird sich auch selbst verstehen und in sich aufgehoben fühlen. Die Natur lebt es uns vor: die Hingabe an das, was ist. Es ist jeden Moment anders. Es ist aber nie richtig oder falsch. Es ist vielleicht so, wie wir es uns wünschen oder es nicht haben wollen. Dies bedeutet aber nicht, dass es richtig oder falsch ist. Dies bedeutet nur, dass wir entweder damit einverstanden sind, was gerade geschieht, oder damit hadern anzunehmen, was sich uns gerade zeigt. Der Schlüssel zur Erfüllung liegt darin, jeden Augenblick zu genießen und so zu lassen, wie er ist. In allem, was uns widerfährt, etwas Positives zu sehen und nicht nach Negativität zu suchen. Es gibt so viele Dinge, die wir haben wollen. Wann sehen wir diese Dinge, die wir bereits haben? Wann beginnen wir, unseren Reichtum zu schätzen, statt uns über den Mangel zu beklagen?

Uns mangelt es an nichts. Zumindest nicht so, wie wir es uns denken. Wenn es uns an etwas mangelt, dann ist es die Liebe: Selbstliebe, Vertrauen, Hingabe, Dankbarkeit und Gelassenheit. Es ist an der Zeit, das Leben in die Hand zu nehmen. Wenn Sie sich neben Ihren alltäglichen Pflichten jeden Tag nur wenige Minuten Zeit für sich selbst nehmen, werden Sie bereits Veränderungen erfahren. Es geht aber nicht nur darum, sich still hinzusetzen und die Welt außen vor zu lassen. Es geht vor allem darum, dass Sie sich während Ihrer täglichen Tätigkeiten nicht aus den Augen verlieren und sich selbst miteinbeziehen, wenn Unstimmigkeiten auftauchen. Schauen Sie hin – und vor allem schauen Sie sich immer selbst an. Den Grund für Probleme bei anderen zu suchen oder Umständen die Schuld zu geben, bringt uns bestimmt nicht weiter. Alles geht von Ihnen aus. Sie alleine sind für Ihr Leben verantwortlich, Sie prägen es und Sie sind die Ursache, deren Wirkungen Sie durch das Leben erfahren werden. Dies zu wissen ist einfach, doch es wirklich zu realisieren und innerlich zu verstehen, ist ein Prozess, der ein Leben lang andauern wird.

Am besten Sie beginnen gleich sofort damit und warten nicht länger, bis ein Wunder geschieht. Schieben Sie Ihr Glück nicht auf, sondern leben Sie es jetzt. Sie sind auf dem besten Weg, ein freier Mensch zu sein, und Freiheit bedeutet, sich aus allen Bindungen zu lösen und mitten in der Welt zu stehen. Sich von Bindungen zu lösen bedeutet allerdings nicht, zwischenmenschliche Beziehungen zu beenden, sondern sich auf nichts und niemanden mehr zu beziehen und seine Eigenständigkeit wieder zu entdecken. Wenn Sie Ihre Wünsche in Ihr Leben ziehen wollen, dann sollten Sie an sich als Ursache feilen. Sie sollten sich aus alten Missverständnissen lösen und damit beginnen, das Leben unpersönlich zu sehen. Begegnen Sie dem Leben und Ihren Mitmenschen neutral, ohne sie einzuordnen oder zu beurteilen. Wenn Sie die Dinge so sehen, wie sie wirklich sind, und nicht nur so sehen, wie sie zu sein scheinen, hat sich nicht nur Ihr Blick verändert, auch das Gesehene wird sich ändern. Das Spiegelbild formt sich nach Ihrem Wesen, und ein Spiegel kann bekanntlich nur das zeigen, was ihm gegenübersteht. Seien Sie einfach Sie selbst und beginnen Sie jeden Tag mit einem Lächeln, denn jeder Tag schenkt Ihnen neue Möglichkeiten, um sich zu befreien und weiterzuentwickeln. Ein Leben in Selbstverantwortung ist wunderbar. Das Leben ist wunderbar. Sie sind wunderbar. Unter unserer Hülle liegt etwas ganz Großes. Das müssen Sie mir nicht glauben. Am besten Sie finden es heraus, indem Sie das Zögern, das Warten und das Zweifeln ablegen – und zwar hier und jetzt.

Es ist nicht das Ich, das versuchen muss, sich anziehend zu machen, das Selbst, das wir in Wahrheit sind, ist die Anziehungskraft selbst. In diesem einen Satz sind alle Antworten enthalten.

Tag 1 – 7
Notizseite zum Reinschreiben und mit Datumszeile

◇ Tag 1   ◇ Woche 1

Datum:

_____

_____

_____

_____

_____

_____

_____

_____

_____

_____

ÜBER DEN AUTOR

Kurt Tepperwein wurde 1932 in Lobenstein geboren. Er war erfolgreicher Unternehmer und langjähriger Unternehmensberater, bis er sich 1973 aus dem Wirtschaftsleben zurückzog und Heilpraktiker sowie Bewusstseinsforscher wurde, um nach den wahren Ursachen von Krankheit und Leid zu suchen.

In seiner Naturheilpraxis hielt er für seine Patienten Seminare ab, die so großen Anklang fanden, dass sie heute in vielen Ländern veranstaltet werden. Er absolvierte vielfältige Ausbildungen und erfuhr unzählige Ehrungen. Seit 1997 ist Kurt Tepperwein Dozent an der »Internationalen Akademie der Wissenschaften«, wo er das von ihm etablierte Mentaltraining unterrichtet. Kurt Tepperwein hat bislang mehr als 80 Bücher und Hunderte von Videos, DVDs sowie Audio-CDs veröffentlicht.

KURT TEPPERWEIN

Ihr Ansprechpartner
für alle Lebensbereiche!

- Tepperwein-Heimlehrgänge
- Tepperwein-Kompaktlehrgänge
- Tepperwein-Ausbildungen
- Bücher
- CDs und DVDs
- Geschenkartikel
- Gesundheitsboutique

"Unsere Herzens-Aufgabe
ist die Bewusstseinsentfaltung."

www.iadw.com

Internationale Akademie der Wissenschaften Anstalt
Postfach 1628, FL-9490 Vaduz
Tel: +423 233 12 12 / Fax: +423 233 12 14
E-Mail: go@iadw.com

160 Seiten, broschiert, mit
abgerundeten Ecken
ISBN 978-3-89845-628-9
€ [D] 11,00

Kurt Tepperwein

Entdecke dich neu und werde glücklich

Die Jagd nach dem Glück ist so alt wie die Menschheit selbst. Aber was ist Glück? Und wer weiß wirklich, wie man es erlangen kann? Ratschläge für ein besseres Leben gibt es zur Genüge, doch oft bleibt es bei leeren Versprechungen. Bestsellerautor Kurt Tepperwein wagt sich nun mit Humor und Tiefe an das Thema und zeigt, wie wir dem Leben eine neue Richtung geben und uns regelrecht auf Erfolg programmieren können. In kurzweiligen Übungen lernen Sie, was Sie sich wirklich ersehnen, erhoffen und wünschen. Und was Sie tunlichst unterlassen sollten, um das Glück nicht zu vertreiben.

168 Seiten, broschiert
ISBN 978-3-89845-599-2
€ [D] 15,00

Kurt Tepperwein

Volle Kraft im Alltag
Die eigenen Energiequellen aktivieren

Kurt Tepperwein beschäftigt sich mit den Energien, die wir sind und die uns umgeben. Er zeigt Anwendungen auf, mit denen man Störfelder umwandeln und neue Kraft schöpfen kann. Wenn die Techniken in diesem Buch angewandt werden, ist der erste Schritt bereits getan. Dieser ist der Auslöser für einen Dominoeffekt, wobei die Harmonisierung einfach zu einem Selbstläufer wird. Das Ziel ist es, Problemen gestärkt, entspannt und gelassen zu begegnen, um den Alltag leichter und lockerer zu erleben.

176 Seiten, broschiert
ISBN 978-3-89845-412-4
€ [D] 12,95

Kurt Tepperwein

Nichts geschieht umsonst
Die Sprache des Lebens verstehen

Alles, was uns begegnet, und alles, was uns widerfährt, sind Botschaften des Lebens, die uns etwas Wichtiges mitzuteilen haben. Wenn Sie diese Botschaften verstehen, können Sie diese optimal für sich nutzen, um ein erfolgreiches, erfülltes und gesundes Leben zu führen.
Beginnen Sie daher jetzt mit dem Sprachkurs »Deutsch-Leben/Leben-Deutsch«, um den Botschaften des Lebens endlich auf den Grund gehen zu können ...

152 Seiten, broschiert
ISBN 978-3-89845-481-0
€ [D] 12,95

Kurt Tepperwein

So lebt man heute!

Kurt Tepperwein geht dem Mysterium des Lebens auf den Grund und stellt alles infrage. Und genau das sollten auch wir tun. Wer sagt uns, dass die Wahrheit, die wir erleben, tatsächlich Wirklichkeit ist? Der Lebenslehrer taucht tief in die Thematik unseres Daseins ein und lädt uns dazu ein, wachsamer durch den Alltag zu gehen. Er hilft uns, unsere Aufmerksamkeit auf das zu richten, was wirklich wichtig ist, um zu erkennen, wer wir sind und was wir wollen.

224 Seiten, broschiert
ISBN 978-3-89845-546-6
€ [D] 14,95

Kurt Tepperwein

Die Kunst, sich und andere zu verstehen

Mit Face-Reading zu mehr Menschenkenntnis

Dieses Buch hilft uns dabei, unsere Wahrnehmung zu schulen, und bringt uns bei, über das Aussehen und das Verhalten unseres Gegenübers die Menschen besser zu erkennen und zu verstehen. Kurt Tepperwein lässt uns auch analysieren, warum uns etwas Bestimmtes an dem Gegenüber aufgefallen ist oder was uns dessen Verhalten sagt, und lädt ein zur Selbsterforschung und Selbsterkenntnis, zu einem wirklichen Verstehen des eigenen Ichs.

160 Seiten, broschiert
ISBN 978-3-89845-586-2
€ [D] 12,95

Kurt Tepperwein

Lebe dein Selbst

Die Kunst der Selbstverwirklichung

Kurt Tepperwein zeigt, wieso Menschen oft daran scheitern, das persönliche Leben zu gestalten, warum Ehen zerbrechen oder die Gesundheit nicht mehr mitspielt. Er erklärt, wie der Verstand als mentale Kraft in Ihrem Leben sinnvoll eingesetzt werden kann. Mit alltagstauglichen Methoden und Beispielen entwickelt er Möglichkeiten, wie eine harmonische Lebensführung gelingen kann.

Sie können Entscheidungen treffen, die Sie auch wirklich treffen wollen. Sie werden sich selbst neu kennenlernen.

192 Seiten, gebunden
ISBN 978-3-89845-605-0
€ [D] 12,95

Manfred Mohr

Bestellungen beim Universum heute
Neues Wünschen in einer neuen Zeit

Das Bestellen beim Universum trägt heute die Früchte eines sich verstärkenden Bewusstseins, das weiß, dass wir etwas in unserem Leben verändern können.
• Wie hat sich das Bestellen verändert?
• Welche Neuerungen kamen dazu?
• Wie bestellt man heute am besten?
Dieses Buch hilft dir zu spüren, wie eng verflochten wir mit dem Universum sind und wie entscheidend unsere innere Haltung ist. Entdecke auch du die neue Form des Bestellens für dich!

128 Seiten, 2-farbig,
ISBN 978-3-89845-584-8
€ [D] 12,95

Dr. Jessica Lütge

Alles, was du über dich wissen musst
222 Fragen zum Ausfüllen und Staunen

Jeder von uns hat in seinem Leben schon unzählige unwichtige Fragen beantwortet. Doch was ist mit den wirklich wichtigen Fragen? Denen, die tiefer gehen, die zeigen, was uns ausmacht und wer wir tatsächlich sind?
Jessica Lütge hat 222 Fragen formuliert, deren Antworten erstaunliche Selbsterkenntnisse zutage fördern. Man lernt sich so von einer Seite kennen, die einem bisher verborgen blieb. Entdecke dein neues Leben und sei neugierig, was in der nächsten Zeit alles passiert.

184 Seiten, broschiert
ISBN 978-3-89845-446-9
€ [D] 12,95

Christian Scheurer

Wünsche wirklich wollen
Mythos und Praxis

Wir alle haben Wünsche, die wir gerne erfüllt sehen würden. Doch die wenigsten von uns bekommen, was sie beim Universum bestellt haben.
Christian Scheurer zeigt, welche Elemente der Verwirklichung unserer Wünsche im Weg stehen und wie jeder das Kunststück hinbekommt, diese Hindernisse auszuräumen – wenn er es nur richtig angeht. Mit diesem Buch gelingt es auch Ihnen, dass Ihr Wunschknoten endlich platzt!

240 Seiten, gebunden
ISBN 978-3-89845-569-5
€ [D] 16,95

Vadim Zeland

TransSurfing to go
Anwendung der Wirklichkeitssteuerung

Vadim Zeland zeigt Ihnen, wie Sie sich endlich das Leben formen können, das Sie schon immer führen wollten. Wenn Sie den Rahmen des Algorithmus »Denke wie alle – sei wie alle« verlassen, werden sich Ihre Möglichkeiten und Chancen weit über die Grenzen des für alle anderen Erreichbaren hinaus ausdehnen! In »TransSurfing to go« fasst Zeland alle relevanten Prinzipien der Methode kompakt zusammen und hilft Ihnen, sie zur richtigen Zeit zu verwenden. Einfach zu lesen – einfach anzuwenden.

120 Seiten, 2-farbig,
broschiert
ISBN 978-3-89845-452-0
€ [D] 12,95

Silke Gramer-Rottler

Was uns alle trägt
Die Kraft des Urvertrauens in einer reizüberfluteten Welt

Unser Alltag ist geprägt durch das ständige Streben nach materiellen Gütern, Vergleichbarkeit und Perfektionismus. Wir leben in einer Gesellschaft, in der Gemeinschaftssinn und Solidarität verloren gegangen sind, und in der stattdessen Ignoranz und Ängste unseren Alltag bestimmen. Silke Gramer-Rottler zeigt uns, wie wir zurückfinden können zur berühmten Leichtigkeit des Seins. Sie erklärt uns, wie wir in unserem Leben wieder Raum schaffen können für die wesentlichen Dinge und wie dadurch die ganzen Unsicherheiten des Alltags verschwinden.

128 Seiten, mit Abbildungen,
broschiert
ISBN 978-3-89845-566-4
€ [D] 11,00

Ramona B. Wagner

EFT – Klopftechnik für Gesundheit und Wohlbefinden

Entdecken Sie die Selbstheilungstechnik EFT, mit der Sie sich von emotionalen und physischen Problemen befreien können. Durch das Beklopfen bestimmter Akupunkturpunkte können belastende Emotionen neutralisiert und einschränkende Überzeugungen verändert werden. Auf diese Weise werden sowohl akute Beschwerden wie auch langwierige Probleme gelöst. Dank anschaulicher Bebilderung können Sie auch ohne Vorkenntnisse sofort mit der Umsetzung von EFT beginnen.

304 Seiten, broschiert
ISBN 978-3-89845-469-8
€ [D] 16,95

Usha Gönnawein

33 kosmische Gesetze
zum Verstehen des wahren Seins

Usha Gönnawein macht Sie mit den 33 kosmischen Energiegesetzen vertraut. Die geistigen Gesetze dieses Buches helfen Ihnen zu begreifen, warum Sie hier sind, wie Sie sind, was Sie noch lernen dürfen und wie Sie das Gelernte anwenden können, damit Sie als Mensch Ihre Göttlichkeit erkennen. Dieses Bewusstseinsbuch beflügelt Sie zu einem neuen Verstehen Ihres wahren Seins – für ein leichteres und zufriedeneres Leben in Fülle!

256 Seiten, Klappenbroschur
ISBN 978-3-89845-617-3
€ [D] 12,00

Manfred Mohr

Deine Zahlen – deine Sterne

... sich selbst erkenne – andere verstehen

Jeder von uns hat einen schwierigen Chef, merkwürdige Kollegen oder eine Schwiegermutter, mit der der Umgang manchmal kompliziert sein kann. Mit Hilfe der 108 Charaktertypen kann es auf einfache Weise gelingen, das Verhalten dieser Menschen besser zu verstehen und leichter mit ihnen umzugehen.
Dieses Buch lädt ein zur humorvollen Selbsterkenntnis und entspannten Akzeptanz der eigenen Stärken und Schwächen – und der wachsenden Fähigkeit, deine Mitmenschen wie dich selbst mit einem Augenzwinkern so nehmen zu können, wie wir nun einmal sind.

280 Seiten, broschiert
ISBN 978-3-89845-625-8
€ [D] 15,00

Dick Sutphen

Das Orakel in Dir

Endlich Antwort auf die wichtigsten Fragen Ihres Lebens ...
Dieser leicht verständliche Leitfaden erweitert auf spielerische Weise das Bewusstsein, denn das Orakel bringt Sie in Kontakt mit Ihrem Höheren Selbst, das die Antworten auf Ihre drängendsten Fragen bereithält und Sie so in wenigen Schritten zur Selbsterleuchtung führt.
Diese inspirierenden 250 Botschaften bieten metaphysische Antworten, helfen beim spirituellen Erwachen und sind eine Inspiration für jeden Tag– das innere Orakel wird bald eine wichtige Rolle in Ihrem Leben spielen.

Weiterführende Informationen zu
Büchern, Autoren und den Aktivitäten
des Silberschnur Verlages erhalten Sie unter:
www.silberschnur.de

Natürlich können Sie uns auch gerne den
Antwort-Coupon aus dem beiliegenden
Lesezeichenflyer zusenden.

Ihr Interesse wird belohnt!